Mastering the German Case System Workbook:

Practice Makes Perfect

with Herr Antrim

germanwithantrim.com

This workbook is a companion to Herr Antrim's book "Mastering the German Case System: Nominative, Accusative, Dative & Genitive". To get the most out of this workbook, consider purchasing the textbook.

Throughout this workbook there are a variety of different exercises for all of the topics explained in the textbook. It is highly recommended that you translate everything in the exercises, so that you build vocabulary and improve your understanding of the language overall, while also mastering the German case system through deep analysis of the intricacies it presents.

While you certainly could simply read the entire textbook chapter and then try to complete all of the exercises for that chapter, this is not recommended. Read a portion of the textbook until you get to a point that says "Complete exercises ### in the workbook before continuing." Then complete those exercises.

If I were using this textbook and workbook to master the German case system, I would only complete one section of a chapter per sitting. In other words, if you spend an hour every day learning German, you can read a portion of the textbook, complete some workbook pages and then be done for the day.

Before starting your next learning session, review your previous workbook answers using the answer keys at the end of this workbook. This will help you remember the previous lesson and help you fix any errors you made. Once you have done this, you can continue to the next lesson in the textbook.

No part of this workbook, including the audio material, may be copied, reproduced, transmitted or distributed in any form without the prior written permission of the author. For permission requests, write to: info@germanwithantrim.com.

Thank you for choosing this workbook. If you have some spare time, consider writing a review online. If you want to write a review on Amazon, you can use this link: https://www.germanwithantrim.com/mastering-cases-workbook-review/

1. Grammatical Genders
Tips & Tricks

1.1 - Put the following suffixes in the correct column for the gender that is most associated with them. Keep in mind that the suffixes below may not always indicate the gender of the noun, but can be used as good indicators and probability predictors.

-ung	-e	-ismus	-lein	-tum	-schaft
-tion	-ment	-er	-heit	-keit	-ling
-in	-tät	-chen	-or	-ig	

Masculine (der)	Feminine (die)	Neuter (das)

1.2 - Sort the following categories of nouns into the grammatical gender most closely associated with them. Again, these are not indicators that can be used to say these nouns will "always" be this gender. They are simply guidelines.

directions on a compass	days of the week	name brands of motorcycles
weather phenomena	names of ships	male people & animals
months & seasons	female people & animals	name brands of cars
baby people & animals		

Masculine (der)	Feminine (die)	Neuter (das)

1.3 - Write the correct definite article (der-word) for each of the following German nouns, based on their grammatical gender.

1. _____ Chevy (Chevy)
2. _____ Frage (question)
3. _____ Kater (cat)
4. _____ Junge (boy)
5. _____ Katze (cat)
6. _____ Lamm (lamb)
7. _____ Hündin (dog)
8. _____ Baby (baby)
9. _____ Zeitung (newspaper)
10. _____ Instrument (instrument)
11. _____ Schule (school)
12. _____ Mann (man)
13. _____ Geburtstag (birthday)
14. _____ Mädchen (girl)
15. _____ Fernseher (television)
16. _____ Briefmarke (stamp)
17. _____ Christentum (Christianity)
18. _____ Lösung (solution)
19. _____ Hund (dog)
20. _____ Blume (flower)
21. _____ Hähnchen (chicken)
22. _____ Universität (university)
23. _____ Datum (date)
24. _____ Frau (woman)
25. _____ Kind (child)

2. Nominative Case

2.1 - Complete the following sentences with the correct definite article (der, die, das).

1. _____ Hund spielt im Garten.
2. _____ Katze schläft auf dem Sofa.
3. _____ Baum ist sehr hoch.
4. _____ Mann liest die Zeitung.
5. _____ Frau kocht das Abendessen.
6. _____ Junge geht zur Schule.
7. _____ Mädchen malt ein Bild.
8. _____ Auto ist sehr schnell.
9. _____ Stuhl steht in der Ecke.
10. _____ Tisch ist gedeckt.
11. _____ Vogel singt im Baum.
12. _____ Computer ist neu.
13. _____ Fernseher ist ausgeschaltet.
14. _____ Apfel ist rot.
15. _____ Buch liegt auf dem Tisch.

2.2 - Complete the following sentences with the correct indefinite article (ein or eine).

1. _____ Hund bellt laut.
2. _____ Katze schnurrt leise.
3. _____ Baum steht im Park.
4. _____ Mann liest ein Buch.
5. _____ Frau trinkt Kaffee.
6. _____ Junge spielt Fußball.
7. _____ Mädchen lacht fröhlich.
8. _____ Auto fährt schnell.
9. _____ Stuhl ist kaputt.
10. _____ Tisch ist sauber.
11. _____ Vogel fliegt hoch.
12. _____ Computer funktioniert nicht.
13. _____ Fernseher ist alt.
14. _____ Apfel ist grün.
15. _____ Buch liegt auf dem Boden.

2.3 - Complete the following sentences with the correct definite (der, die, das) or indefinite (ein, eine) articles. D___ = der, die, das E___ = ein, eine

1. D_____ Vogel sitzt auf dem Ast.
2. Auf dem Feld läuft e_____ Hase.
3. Im Wald steht e_____ Reh.
4. D_____ Bäcker backt frische Brötchen.
5. D_____ Baum ist alt.
6. D_____ Student lernt für die Prüfung.
7. D_____ Sänger singt ein Lied.
8. Vor dem Theater steht e_____ Fahrrad.
9. Im Wohnzimmer steht e_____ Sofa.
10. Auf dem Regal liegt e_____ Heft.
11. D_____ Hund ist e_____ Dackel.
12. D_____ Fisch schwimmt im Aquarium.
13. E_____ Computer ist altmodisch.
14. D_____ Fernseher zeigt einen Film.
15. Auf dem Schreibtisch steht e_____ Lampe.
16. Im Büro arbeitet d_____ Sekretärin.
17. E_____ Mechaniker repariert das Auto.
18. E_____ Blume ist e_____ Pflanze.
19. D_____ Tisch ist rund.
20. D_____ Auto ist neu.

2.4 - Write the German pronoun you would use in each of the following situations.

1. talking about yourself and another person _____
2. talking about the table (der Tisch) _____
3. talking about the window (das Fenster) _____
4. talking about yourself _____
5. talking to you uncle _____
6. talking about baseball players _____
7. talking to a police officer _____
8. talking about a book (das Buch) _____
9. talking to two teachers _____
10. talking about your dog (der Hund) _____
11. talking to two friends _____
12. talking to a cashier _____
13. talking about a woman (die Frau) _____
14. talking about your mother (die Mutter) _____
15. talking about yourself and your fellow classmates _____
16. talking about the door (die Tür) _____
17. talking about a horse (das Pferd) _____
18. talking to two employees at the local grocery store _____
19. talking about yourself and your family _____
20. talking to a teacher _____
21. talking to your best friend _____
22. talking to your siblings _____
23. talking to your mother _____
24. talking about trains _____
25. talking about your brother (der Bruder) _____

2.5 - Complete the chart below with the correct personal pronouns and their corresponding verb endings, paying attention to singular and plural forms.

English Pronoun	German Pronoun	German Verb Ending
I		
you (singular, informal)		
he, masculine it		
she, feminine it		
neuter it		
we		
you (plural, informal)		
they		
you (singular or plural, formal)		

2.6 - Complete the following sentences with the correct personal pronouns.

1. Max und Tim, spielt _____ heute Fußball?
2. Lisa, kannst _____ mir helfen?
3. Frau Schmidt, kommen _____ aus Hamburg?
4. Die Katze ist sehr süß. _____ schläft den ganzen Tag.
5. Mein Bruder und ich, _____ gehen oft schwimmen.
6. Julia, wo bist _____ gestern gewesen?
7. Das Buch ist spannend. _____ erzählt eine interessante Geschichte.
8. Der Hund ist sehr jung. _____ ist sehr verspielt.
9. Wo sind die Kinder? - _____ spielen im Garten.
10. _____ gehe heute Abend ins Kino.

2.7 - Complete the story with the correct personal pronouns.

Heute gehen meine Familie und ich in den Zoo. _____ haben viel Spaß zusammen.
Am Eingang treffen wir meine Freundin Anna. _____ kommt auch mit uns. Zuerst
sehen wir die Elefanten. _____ sind riesig und beeindruckend. Danach gehen
_____ zu den Affen. Der kleine Affe ist besonders lustig. _____ spielt mit
einem Ball. Meine Schwester fragt: "Wo sind die Löwen?" Ich antworte: "_____ sind im
nächsten Gehege." _____ sehen viele Tiere und haben eine tolle Zeit. Zum Mittag esse
_____ einen Hamburger mit Pommes und ein Eis zum Nachtisch. _____
schmeckt besonders gut. Am Ende des Tages sagt mein Vater: "_____ bin müde."

2.8 - Write the questions that prompted the following answers using wer or was.

1. Frage: _____

   Antwort: Anna hat den Kuchen gebacken.

2. Frage: _____

   Antwort: Der Film war sehr spannend.

3. Frage: _____

   Antwort: Der Lehrer hat die Aufgabe erklärt.

4. Frage: _____

   Antwort: Der Brief liegt auf dem Tisch.

5. Frage: _____

   Antwort: Der Künstler hat das Bild gemalt.

6. Frage: _____

   Antwort: Der Zug fährt um 10 Uhr ab.

7. Frage: _____

   Antwort: Mein Vater hat das Auto repariert.

8. Frage: _____

   Antwort: Das Buch ist sehr interessant.

9. Frage: _____

   Antwort: Die Kinder spielen im Park.

10. Frage: _____

    Antwort: Der Kellner bringt das Essen.

2.9 - Complete the sentences with the correct translation of the words in parentheses.

1. Sie bleibt _____. (our leader)

2. Wir sind _____. (the champions)

3. Du bist _____. (my friend)

4. Es wird _____. (a surprise)

5. Sie sind _____. (our neighbors)

6. Sie ist _____. (the scientist)

7. Es bleibt _____. (a mystery)

8. Ihr seid _____. (my students)

9. Sie bleibt _____. (the president)

10. Sie sind _____. (the guests)

3. Accusative Case

3.1 - Complete the following sentences with the correct definite article (der, die, das, den).

1. Ich sehe _____ Film im Kino.

2. Wir kaufen _____ Kuchen beim Bäcker.

3. Sie liest _____ Zeitung im Bett.

4. Er hat _____ Stuhl repariert.

5. Wir finden _____ Schlüssel nicht.

6. Ich suche _____ Lampe.

7. Sie trinkt _____ Kaffee.

8. Er fährt _____ Auto.

9. Wir besuchen _____ Freunde in Berlin.

10. Sie nimmt _____ Bus zur Arbeit.

11. Ich hole _____ Ball aus dem Garten.

12. Wir brauchen _____ Stifte zum Schreiben.

13. Sie malt _____ Bild.

14. Er isst _____ Apfel.

15. Ich mag _____ Katze von nebenan.

3.2 - Combine the following pieces to create complete sentences with correct conjugation and articles. The punctuation given at the end of each sequence of words indicates if you should write a statement or question.

Example -

Question: der Mann / du / kennen ?

Answer: Kennst du den Mann?

1. diese Frau / ich / sehen .

_____

2. die Kinder / Sie / hören ?

_____

3. das Mädchen / er / lieben .

_____

4. der Hund / wir / finden .

_____

5. der Lehrer / ihr / treffen ?

_____

3.3 - Rewrite the sentences to use indefinite articles (ein-words) where the definite articles (der-words) currently are.
Example: Sie hat den Stift. Answer: Sie hat einen Stift.

1. Ich sehe die Katze. - Ich sehe _____ Katze.
2. Wir kaufen das Auto. - Wir kaufen _____ Auto.
3. Er liest das Buch. - Er liest _____ Buch.
4. Sie besucht den Arzt. - Sie besucht _____ Arzt.
5. Ich nehme die Zeitung. - Ich nehme _____ Zeitung.
6. Er sucht den Schlüssel. - Er sucht _____ Schlüssel.
7. Wir finden den Ball. - Wir finden _____ Ball.
8. Sie kauft die Blume. - Sie kauft _____ Blume.
9. Er isst den Apfel. - Er isst _____ Apfel.
10. Wir trinken das Glas Wasser. - Wir trinken _____ Glas Wasser.

3.4 - Complete the following sentence with the correct indefinite article (ein, eine, einen).

1. Ich sehe _____ Vogel im Park.
2. Wir kaufen _____ Torte beim Bäcker.
3. Sie liest _____ Artikel in der Zeitung.
4. Er hat _____ Tisch bemalt.
5. Wir finden _____ Ohrring auf dem Boden.
6. Ich suche _____ Handy.
7. Sie trinkt _____ Milch.
8. Er fährt _____ Auto.
9. Wir besuchen m_____ Freunde in Hamburg.
10. Sie nimmt _____ Zug zum Flughafen.
11. Ich hole _____ Spielzeug aus dem Garten.
12. Wir brauchen unser_____ Werkzeuge zum Bauen.
13. Sie malt _____ Bild.
14. Er isst _____ Banane.
15. Ich habe _____ Hund.

3.5 - Write the pronoun you would use to replace the underlined nouns in the following sentences. Then circle if the noun (and by extension the pronoun you wrote) is nominative or accusative in each sentence.

Ex: <u>Der Film</u> läuft jede Woche im Kino.   Answer: Er - Circle "Nom"

1. Meine Schwester kauft <u>die Gitarre</u>.   _____ Nom / Acc

2. Meine Mutter wäscht <u>ihr Auto</u>.   _____ Nom / Acc

3. Wer hat <u>die Fernbedienung</u>?   _____ Nom / Acc

4. <u>Der Lehrer</u> spricht nicht.   _____ Nom / Acc

5. Der Junge wirft <u>das Papier</u> in den Korb.   _____ Nom / Acc

6. <u>Mein Chef</u> ruft mich am Abend an.   _____ Nom / Acc

7. <u>Das Essen</u> schmeckt ganz gut.   _____ Nom / Acc

8. Sein Bruder bringt <u>den Tee</u>.   _____ Nom / Acc

9. Nimm <u>das Buch</u> mit.   _____ Nom / Acc

10. Wir mögen <u>diesen Film</u>.   _____ Nom / Acc

3.6 - Fill in the blanks with the correct German pronouns to complete the conversations. Hint: Not all of them will require the accusative case.

Fred: Was machst _____ heute?

Alex: Ich besuche meine Tante.

Fred: Wann besuchst du _____ ?

Alex: Ich werde _____ um 3 besuchen.

Timo: Mein Bruder kann seinen Mantel nicht finden. Hast du _____?

Martina: Nein, ist _____ nicht im Schrank?

Timo: Nein. Jetzt sucht _____ in seinem Zimmer. Sollen _____ ihm dabei helfen?

Martina: Nein. _____ gehe ins Kino. _____ könnt aber suchen.

Sabina: Ich liebe _____, Fred.

Alex: Du liebst _____? _____ heiße Alex. Liebst du Fred?

Sabina: Ich liebe _____ nicht. _____ bist mein Freund.

Alex: _____ sind nicht mehr zusammen.

3.6 (Continued) - Fill in the blanks with the correct German pronouns to complete the conversations.
Hint: Not all of them will require the accusative case.

Ben: Was bekommst du zum Geburtstag?

Hannah: Ich bekomme Schuhe.

Ben: Welche Farbe sind _____?

Hannah: _____ sind rot. Sie sehen so aus. *Sie zeigt Ben ein Foto auf ihrem Handy.

Ben: Ich mag _____. Ich habe ein neues T-Shirt. Magst du _____?

Hannah: Ja, _____ ist sehr cool.

Paul: Ich verstehe diese Aufgabe nicht.

Emma: Frag den Lehrer. Er kann dir bestimmt helfen.

Paul: Ich frage _____ nicht. _____ ist gemein.

Jonas: Ich kann _____ nicht sehen, Finn und Emilia.

Finn: _____ sind hier!

Jonas: Warum seid _____ hinter dem Fernseher?

Finn: Ehm…

3.7 - Translate the following sentences to German. If there are nouns in parentheses following a pronoun, it is to ensure you use the correct case and gender that corresponds with the case and gender of the noun intended.

1. Are you getting a shirt for your birthday?

   _____

2. Do you need me?

   _____

3. I like it (the color).

   _____

4. I need you.

   _____

5. It (the blouse) is very beautiful.

   _____

3.8 - Complete the questions with the correct question words. The sentences after each question are the answers to the questions. These should help you discern which question word to use. For this exercise, limit your answers to wer, wen and was.

1. _____ beantwortet die Frage? - Larry beantwortet die Frage.
2. _____ hasst du? - Ich hasse Lügner.
3. _____ hasst du? - Ich hasse Schimpfwörter.
4. _____ hast du gern? - Ich habe meine Mutter gern.
5. _____ hast du in der Tasche? - Ich habe einen Bleistift.
6. _____ hat dich gern? - Meine Mutter hat mich gern.
7. _____ ist das? - Das ist Bob.
8. _____ kaufst du? - Ich kaufe eine Karte.
9. _____ sperrst du aus? - Ich sperre meinen Bruder aus.
10. _____ spielst du? - Ich spiele Schach.

3.9 - Write the questions that prompted each response using wer, wen or was.
Ex. Frage: Was trinkt Lisa? - Lisa trinkt eine Cola.

1. Frage: _____
   Antwort: Die Blumen sind im Garten.
2. Frage: _____
   Statement: Die Gäste kommen zur Party.
3. Frage: _____
   Antwort: Er hat den Kuchen gegessen.
4. Frage: _____
   Antwort: Sie spielt Klavier.
5. Frage: _____
   Antwort: Der Lehrer lobt den Schüler.
6. Frage: _____
   Antwort: Maria besucht ihren Freund.
7. Frage: _____
   Antwort: Das Kind hat den Hund gestreichelt.
8. Frage: _____
   Antwort: Der Film ist sehr bekannt.
9. Frage: _____
   Antwort: Die Eltern lieben ihre Kinder.

3.10 - Complete the sentences below with the correct article ending (e, en, es).

1. Dies_____ Woche kommt mein Onkel zu Besuch.
2. Jed_____ Woche muss sie arbeiten.
3. Dies_____ Jahr möchte ich reisen.
4. Dies_____ Wochenende tanzen wir in der Disko.
5. Nächst_____ Donnerstag koche ich das Abendessen.
6. Jed_____ Montag fährt er mit dem Bus zur Schule.
7. Letzt_____ Sommer ist sie nach Frankreich geflogen.
8. Nächst_____ Januar werde ich Sport machen.
9. Dies_____ Freitag gehe ich ins Kino.
10. Jed_____ Tag möchte ich Eis essen.
11. Jed_____ Jahr reisen wir nach Deutschland.
12. Letzt_____ Jahr hat er einen Audi gekauft.
13. Nächst_____ Jahr spiele ich Fußball.
14. Nächst_____ Woche schlafe ich mehr.
15. Letzt_____ Woche bin ich zu Hause geblieben.

3.11 - Translate the following accusative prepositions into English.

1. bis _____
2. durch _____
3. entlang _____
4. für _____
5. gegen _____
6. ohne _____
7. um _____
8. wider _____

3.12 - Complete the following sentences by translating the phrases in parentheses using the accusative prepositions.

1. Fahren Sie _____ (along this street).

2. Ein Cabriolet ist ein Auto _____ (without a roof, das Dach).

3. Was hast du _____ (against the teacher)?

4. Wir kommen _____ (around 10 o'clock) zur Party.

5. Die Kinder sitzen _____ (around the fire, das Feuer).

6. Diese Situation ist _____ (contrary to my experience, die Erfahrungen).

7. Der Geist fliegt _____ (through the wall).

8. Mein Bruder kauft eine Halskette _____ (for our mother).

9. _____ (by next week) musst du diese Aufgaben erledigen.

10. Die Pizza kommt _____ (at 7 o'clock).

11. Meine Schwester trainiert _____ (for three hours).

12. Der Mann läuft mit seinem Hund _____ (through the park).

13. Geht nicht _____ (without me) ins Kino.

14. Wer geht _____ (through the forest)?

15. Warum hast du das Geschenk _____ (for your friend)?

3.13 - Translate the following sentences into German. Pay attention to word order, conjugation, and cases.

1. Robert Frost walks along the path (der Weg).

   _____

2. We are going to the movies without him.

   _____

3. We will arrive around 5 in the evening.

   _____

4. The vampire (der Vampir) wants to live forever.

   _____

5. I am swimming through the river.

   _____

6. Contrary to the decree (die Verordnung), we are having a party.

   _____

7. The Easter bunny (der Osterhase) is hiding the eggs around the house.

   _____

8. My brother is getting the job because of (through) your recommendation (die Empfehlung).

   _____

9. My student comes to class without a pencil.

   _____

10. What do you have against dogs?

    _____

11. I am not working until next Tuesday.

    _____

12. Put (stellen) your umbrella (der Regenschirm) against the wall.

    _____

13. He often travels without a passport (der Reisepass).

    _____

14. The woman ties (binden) a ribbon (die Schleife) around the tree.

    _____

15. I am saving money for a bicycle.

    _____

4. Dative Case

4.1 - Combine the following elements to make complete German sentences. Pay attention to word order, conjugation, genders of nouns, and cases. The punctuation at the end indicates if you should write a statement, question or command.

1. diese Frau / ich / mein Boot / verkaufen .

    _____

2. das Mädchen / er / sein Buch / vorlesen .

    _____

3. die Schülerin / ich / mein Stift / leihen .

    _____

4. das Kind / sie / sein Spielzeug / bringen .

    _____

5. der Arzt / der Patient / das Rezept / holen ?

    _____

6. der Junge / sie / ihr Buch / geben / sollen.

    _____

7. seine Frau / er / die Blumen / schenken / wollen.

    _____

8. das Kind / du / dein Spielzeug / zeigen / möchten ?

    _____

9. der Lehrer / wir / unsere Hausaufgaben / abgeben .

    _____

10. die Schülerin / ihr / euer Stift / leihen / können ?

    _____

11. der Freund / ich / mein Fahrrad / verleihen / möchten .

    _____

12. der Nachbar / sie / sein Werkzeug / zurückgeben .

    _____

13. der Arzt / die Patientin / ihre Medikamente / verschreiben / müssen .

    _____

14. ihre Eltern / die Wahrheit / sagen / kleine Kinder / nicht immer .

    _____

15. ihr / schenken / eure Mutter / was / zum Geburtstag ?

    _____

4.2 - Combine the following elements to make complete German sentences. Pay attention to word order, conjugation, genders of nouns, and cases. The punctuation at the end indicates if you should write a statement, question or command.

1. seine Frau / er / ein Buch / schenken .

   _____

2. ein Kind / sie / ein Geschenk / geben .

   _____

3. mein Schüler / ich / eine Antwort / geben / sollen .

   _____

4. sein Freund / er / ein Laptop / leihen / wollen .

   _____

5. mein Kollege / ich / ein Kaffee / bringen .

   _____

6. ihre Lehrerin / sie / ein Bild / zeigen / dürfen ?

   _____

7. ein Mann / sie / eine Geschichte / erzählen .

   _____

8. ein Junge / sie / ein Spielzeug / kaufen / möchten ?

   _____

9. ein Mädchen / er / ein Gedicht / vorlesen / müssen .

   _____

10. mein Nachbar / ich / ein Auto / verleihen / können ?

   _____

11. ein Arzt / sie / eine Medizin / verschreiben .

   _____

12. ein Kunde / ich / eine Tasse Kaffee / schenken .

   _____

13. sein Schüler / er / ein Aufsatz / schreiben .

   _____

14. ihre Mutter / sie / ein Kuchen / backen / möchten ?

   _____

15. sein Kind / er / ein Geschenk / schenken / wollen .

   _____

4.3 - Replace the underlined nouns with pronouns. Then rewrite the sentence.

Ex. Meine Mutter kauft **meinem Bruder** Schokolade.

Antwort: Meine Mutter kauft ihm Schokolade.

1. Die Kinder schicken **den Soldaten** Karten.

    _____

2. Herr Braun leiht **seinem Nachbarn** seinen Rasenmäher.

    _____

3. Der Verbrecher sagt **der Richterin** die Wahrheit nicht.

    _____

4. Der Bauer schenkt **seinem Pferd** einen neuen Sattel zum Geburtstag.

    _____

5. Herr Antrim bringt **dem Jungen** Deutsch bei.

    _____

4.4 - Combine the following words to form complete sentences in German. Multiple correct answers may be possible. Pay attention to conjugation, word order, genders, cases and pronouns. All sentences should be written in the present tense. Don't forget that the punctuation at the end indicates if the sentence should be a statement, question or command.

Ex. er / sie / ein Ratschlag / geben . Antwort: Sie gibt ihm einen Ratschlag.

1. ich / schreiben / du / eine SMS !

    _____

2. ein Kuchen / warum / bringen / Sie / ich ?

    _____

3. ich / zum Mittagessen / kochen / was / ihr ?

    _____

4. er / sie / ein Geschenk / schicken .

    _____

5. er / er / ein Brief / schreiben .

    _____

4.5 - Translate the following sentences into German. When a noun is written in parentheses it is to give context to the pronoun in the sentence.

1. Don't (formal, singular) tell him that!

    _____

2. Her brother is sending it (the photo) to me.

    _____

3. I can't promise you (informal, singular) that.

    _____

4. We are showing our parents it (our apartment).

    _____

5. My boss won't lend me his lawn mower.

    _____

6. The girl is writing him an email.

    _____

7. This hotel offers it (free wifi) to us.

    _____

8. You (informal, plural) don't have to give me it (the money) today.

    _____

9. Our grandfather tells us the best stories.

    _____

10. We have to buy ourselves it (groceries) every week.

    _____

11. Her father is building her it (a doll house).

    _____

12. He sells them (the students) it (the book).

    _____

13. Bring (informal, singular, you) me that (the thing)!

    _____

14. My mother would like to cook us dinner.

    _____

15. What are you giving your sister for her birthday?

    _____

4.6 - Rewrite the following sentences with the underlined nouns replaced with pronouns.
Beispiel: Ich gebe **dem Mann** das Buch.
Antwort: Ich gebe ihm das Buch.

1. Sie zeigt den Touristen **die Stadt**.

   _____

2. Er erklärt der Schülerin **die Aufgabe**.

   _____

3. Wir schicken **den Eltern einen Brief**.

   _____

4. Er bringt **der Frau die Zeitung**.

   _____

5. Sie gibt **dem Kind** das Spielzeug.

   _____

6. Ich zeige **der Klasse den Film**.

   _____

7. Wir geben **den Kindern die Geschenke**.

   _____

8. Er erzählt **dem Freund** die Geschichte.

   _____

9. Sie leiht **dem Nachbarn** das Fahrrad.

   _____

10. Ich bringe meiner Schwester **den Laptop**.

    _____

11. Wir kaufen **dem Lehrer** das Buch.

    _____

12. Er schenkt **dem Kind den Ball**.

    _____

13. Sie schreibt **dem Direktor** die E-Mail.

    _____

14. Ich erzähle meinen Freunden **die Neuigkeit**.

    _____

15. Wir schicken dem Kollegen **die Dokumente**.

    _____

4.7 - Write three questions for each of the following statements. Use the question words wer, was and wem to accomplish this.

Ex. Meine Mutter gibt meiner Schwester einen Hund.

1 - Wer gibt deiner Schwerster einen Hund?

2 - Wem gibt deine Mutter einen Hund?

3 - Was gibt deine Mutter deiner Schwester?

1. Der Lehrer gibt dem Schüler eine Note.

   Wer _____

   Wem _____

   Was _____

2. Anna schenkt ihrem Freund ein Buch.

   Wer _____

   Wem _____

   Was _____

3. Der Kellner bringt dem Gast das Essen.

   Wer _____

   Wem _____

   Was _____

4. Mein Vater erzählt uns eine Geschichte.

   Wer _____

   Wem _____

   Was _____

5. Der Arzt verschreibt dem Patienten ein Medikament.

   Wer _____

   Wem _____

   Was _____

4.8 - Fill in the blanks with the correct forms of the correct dative verbs from the word bank.

danken	gefallen	glauben
helfen	passen	stehen

1. Der Junge _____ dem Mädchen, ihr Fahrrad zu reparieren.
2. Dieses T-Shirt ist so cool. Ich mag die Farbe und die Streifen. Dieses T-Shirt _____ mir.
3. Du siehst heute so schön aus. Dieses Outfit _____ dir gut.
4. Diese Hose ist viel zu groß. Sie _____ dir gar nicht.
5. Der Polizist _____ dem Verbrecher nicht. Solche Menschen lügen oft.
6. Nach dem Essen _____ ihr Freund ihren Eltern für das Abendessen.

4.9 - Translate the following sentences into German.

1. The teacher believes his student.

   _____

2. These jeans fit you well.

   _____

3. The shoes fit the boy well.

   _____

4. I would like to thank my parents for their help.

   _____

5. My dog doesn't like his dog food.

   _____

6. The cashier helps the customer with the groceries.

   _____

4.10 - Match the following dative verbs to their English equivalents.

1. ähneln _____		A.	to advise
2. antworten _____		B.	to allow, permit
3. auffallen _____		C.	to answer
4. ausweichen _____		D.	to appear
5. befehlen _____		E.	to approach, draw near to
6. begegnen _____		F.	to be missing
7. danken _____		G.	to believe
8. dienen _____		H.	to belong to
9. drohen _____		I.	to closely resemble
10. einfallen _____		J.	to come to mind
11. entgegnen _____		K.	to congratulate
12. erlauben _____		L.	to contradict, gainsay
13. erscheinen _____		M.	to eavesdrop, listen in
14. fehlen _____		N.	to evade
15. folgen _____		O.	to fit
16. gefallen _____		P.	to flatter
17. gehorchen _____		Q.	to follow
18. gehören _____		R.	to happen
19. gelingen _____		S.	to help
20. genügen _____		T.	to hurt, cause pain
21. glauben _____		U.	to meet someone
22. gleichen _____		V.	to obey
23. gratulieren _____		W.	to order, command
24. helfen _____		X.	to please
25. lauschen _____		Y.	to reply, retort
26. passen _____		Z.	to resemble
27. passieren _____		AA.	to serve
28. raten _____		BB.	to stand out
29. schaden _____		CC.	to succeed
30. schmecken _____		DD.	to suffice, be enough
31. schmeicheln _____		EE.	to taste good
32. sich nähern _____		FF.	to thank
33. trauen _____		GG.	to threaten
34. weichen _____		HH.	to trust
35. widersprechen _____		II.	to yield to, make way for

4.11 - Translate the following sentences into German using the dative verb in parentheses.

1. The witness is contradicting the defendant. (widersprechen)

   _____

2. My company stands by (supports) its employees. (beistehen)

   _____

3. The child thanks his mother for the ice cream. (danken)

   _____

4. It just came to me that I forgot my keys. (einfallen)

   _____

5. The color of his car closely resembles the color of my carpet. (gleichen)

   _____

6. Her mother never answers her. (antworten)

   _____

7. This sausage does not taste good to me. (munden)

   _____

8. I can't trust my own eyes. (trauen)

   _____

9. The boy's father congratulates him on his wedding. (gratulieren)

   _____

10. This pretzel tastes good to the customer. (schmecken)

   _____

11. He resembles his brother. (ähneln)

   _____

12. The mother helps her son with his homework. (helfen)

   _____

13. Fred is missing in our class today. (fehlen)

   _____

14. The car yields to the semi-truck. (weichen)

   _____

15. The mayor has served our community since 1998. (dienen)

   _____

4.12 - Match the following vocabulary words to their English equivalents.

1. bekannt _____	A. cold
2. bequem _____	B. comfortable
3. dankbar _____	C. cool
4. es reicht _____	D. difficult/hard
5. heiß _____	E. embarrassing
6. interessant _____	F. famous
7. kalt _____	G. hot
8. kühl _____	H. important
9. leicht _____	I. interesting
10. möglich _____	J. possible
11. peinlich _____	K. simple
12. schwer/schwierig _____	L. thankful
13. warm _____	M. that's enough
14. wichtig _____	N. warm
15. wohl _____	O. well

4.13 - Fill in the blanks with the correct pronoun and adjective combinations for the following sentences.

1. Fred ist sehr krank. Es ist _____ nicht _____.
2. Ich lüge nie. Die Wahrheit ist _____ sehr _____.
3. Warum trägst du eine Jacke im Sommer? Ist es _____ nicht _____?
4. Meine Mutter kann mir mit meinen Hausaufgaben nicht helfen. Sie sind _____ zu _____.
5. Wir haben Sand in unseren Schuhen. Das ist _____ sehr _____.
6. Ihr habt nicht sehr viel Geld. Ein neues Auto zu kaufen wäre _____ _____.
7. Arnold Schwarzenegger ist sehr stark. Eine Bowlingkugel ist _____ sehr _____.
8. Mein Bruder hat dieses ganze Buch in einem Tag gelesen. Es ist _____ sehr _____.
9. Ich habe meinen Kindern ein neues Sofa gekauft. Es ist _____ _____.
10. Er hat ihnen zehn Dollar gegeben. Sie sind _____ sehr _____.

4.14 - Fill in the blanks with the correct dative preposition from the list below.

aus	außer	bei	mit
nach	seit	von	zu

1. Die Frau bringt mein Fahrrad zurück _____ meiner Mutter.

2. _____ meinem Geburtstag fühle ich mich nicht älter.

3. _____ der Schule gehe ich _____ Hause.

4. _____ der langen Pause habe ich Mathe.

5. Morgen kaufe ich mir einen neuen Computer _____ Bestbuy.

6. Morgen muss mein Vater _____ Lidl einkaufen.

7. Er mag meine ganze Familie _____ meiner Mutter.

8. Der Junge kauft Schokolade _____ seinem Taschengeld.

9. Was machst du _____ dem Spiel?

10. Er nimmt mir drei _____ meinen Radiergummis.

11. Wir fahren jedes Wochenende _____ meiner Oma.

12. _____ der zweiten Stunde bin ich müde.

13. Ich habe dich _____ der Geburtstagsparty nicht gesehen.

14. Die Schüler bleiben bis April _____ Hause.

15. Mein Bruder wohnt immer noch _____ unseren Eltern.

16. Wir ziehen Fische _____ diesem Teich.

17. Meine Verwandten fahren _____ dem Zug _____ Zürich.

18. _____ diesem Haus sind sie alle sehr schön.

19. Dieses Buch ist _____ einer Frau geschrieben.

20. _____ Fred hat er keine Freunde mehr.

21. Der Baseballspieler schlägt den Boden _____ seiner Hand.

22. Dieses Mädchen schläft jede Nacht _____ ihrem Teddybär.

23. Ich komme _____ der Schweiz.

24. Kannst du mir einen Bleistift _____ meiner Schultasche holen?

25. Sie bekommt gute Nachrichten _____ dem Arzt.

4.15 - Translate the following sentences into German.

1. We are driving by car to Chicago.

   _____

2. Besides English, I also speak German.

   _____

3. My girlfriend greets me with a kiss.

   _____

4. He has worked at this bank since 2018.

   _____

5. No one besides me wants ice cream.

   _____

6. My family is driving to the bank.

   _____

7. I want to stay home.

   _____

8. My family is driving to London.

   _____

9. The doctor is getting a greeting card from his patient.

   _____

10. She has annoyed me since her arrival.

    _____

11. This is a photo of myself and Cinderella.

    _____

12. They have been living together for (since) three years.

    _____

13. He climbs out of his bed.

    _____

14. I want to go home.

    _____

15. He is standing at the door.

    _____

4.16 - Fill in the blanks with the correct dative prepositions and article endings. Genders of nouns have been provided in parentheses after each noun. (m) = masculine (f) = feminine (n) = neuter (pl) = plural

1. Mutti, darf ich _____ mein_____ Freund (m) Robert?

2. Der Busfahrer fährt _____ Berlin.

3. Was machst du heute _____ d_____ Schule (f)?

4. Wir haben das Ziel erreicht. Bitte, steigen Sie _____ d_____ Auto (n).

5. Du solltest die Suppe _____ ein_____ Suppenlöffel (m) essen.

6. Ich bekomme jedes Jahr Schokolade zum Geburtstag _____ mein_____ Mutter (f).

7. Meine Schwester wohnt immer noch zu Hause _____ unser_____ Eltern (pl).

8. Die Teller sind noch nicht auf dem Tisch. Ich muss sie _____ d_____ Schrank (m) holen. Die Gabeln sind auch noch nicht da. Ich hole sie _____ d_____ Schublade (f).

9. _____ d_____ Haus (n) steht ein großer Baum.

10. Der Schüler bleibt heute lieber _____ Hause.

11. Die ganze Familie geht ins Kino _____ sein_____ Schwester (f).

12. Mein Bruder mag das meiste Gemüse _____ Spargel (m).

13. _____ ihr_____ Balkon (m) kann sie die ganze Nachbarschaft sehen.

14. _____ d_____ 5. (m) Mai bin ich krank.

15. Sie trägt heute ein T-Shirt _____ ein_____ Pferd (n) drauf.

4.17 - Put the following parts together to create full German sentences. Don't forget to pay attention to word order, genders of nouns, cases, and conjugation! The punctuation listed is meant to indicate the kind of sentence you need to write. . = statement ? = question ! = command

1. sein / die Kinder / ganz nett / dieser Junge / außer .

   _____

2. das Fahrrad / die Schule / nach / nach Hause / du / fahren / mit !

   _____

3. der Holzschnitzer / aus / schnitzen / ein Pferd / ein Baum .

   _____

4. mit / gerne / meine Freunde / am Wochenende / Fußball / ich / spielen .

   _____

5. und / Kuchen / warum / zu / Rotkäppchen / Wein / ihre Oma / bringen ?

   _____

6. wann / aus / jeden Tag / die Schule / kommen / du ?

   _____

7. im Restaurant / essen / die Frau / ihr Freund / mit / zu Abend .

   _____

8. ins Eiscafé / gehen / wir / das Spiel / nach .

   _____

9. der Geburtstag / kaufen / eure Mutter / zu / ihr / ein Geschenk !

   _____

10. du / deine Eltern / hören / von / oft ?

    _____

11. Sie (formal) / lassen / können / das Paket / die Tür / bei .

    _____

12. seit / meine Geburt / ich / glatzköpfig / sein .

    _____

13. in der Stadt / übernachten / Sie (formal) / ein Freund / morgen / bei !

    _____

14. bekommen / der Autor / er / wirklich / von / ein Autogramm ?

    _____

15. ihre Tante / seit / in Berlin / wohnen / 3 Jahre .

    _____

4.18 - Fill in the blanks with the correct two-way prepositions.

an	auf	hinter
in	neben	über
unter	vor	zwischen

1. Die Kuh springt _____ den Mond.
2. Ich gieße den Tee _____ das Glas.
3. Der Verkäufer steht _____ der Tür.
4. Das Mädchen sitzt _____ ihrer Mutter und ihrem Vater.
5. Der Ball rollt _____ den Tisch.
6. Der scheue Junge versteckt sich _____ seinem Vater.
7. Stell dein Fahrrad bitte _____ das Haus.
8. Das Essen steht schon _____ dem Tisch.
9. Seine Frau hängt ein Poster _____ die Wand.

4.19 - Fill in the blanks with the correct translations of the phrases in parentheses.

1. Der Anwalt legt den Vertrag _____ (on the table).
2. Die Krankenschwester stellt den Ordner
   _____ (next to the bed).
3. Die Kinder setzen sich _____ (under a tree).
4. Der Polizist steht _____ (on the corner).
5. Der Koch steht _____ (in the kitchen).
6. Ein großer Mann sitzt _____ (in front of me)
   im Kino.
7. Der Hund liegt _____ (behind the couch)
   und schnarcht.
8. Die Puppen sitzen _____ (over the kitchen
   sink) auf einem Regal.
9. Ich habe ein Stück Fleisch _____ (between
   my teeth).

4.20 - Fill in the blanks with the correct endings to the definite and indefinite articles. Then translate each sentence into English.

1. Dieser Kerl parkt das Auto neben d_____ Geschäft.

   Translation: _____

2. Der Mann setzt das Kind auf d_____ Stuhl.

   Translation: _____

3. Das Auto ist vor d_____ Haus.

   Translation: _____

4. Der Renner läuft zwischen d_____ Konkurrenten.

   Translation: _____

5. Ihr Vater stellt die Tasse unter d_____ Tisch.

   Translation: _____

6. Der Junge fährt in d_____ Stadt.

   Translation: _____

7. Die Frau sitzt vor d_____ Schüler_____.

   Translation: _____

8. Der Junge fährt in d_____ Stadt herum.

   Translation: _____

9. Wir haben einen Panzerschrank hinter ein_____ Bild in unser_____ Haus.

   Translation: _____

10. Seine Mutter steht auf d_____ Bett um den Deckenlüfter zu putzen.

    Translation: _____

11. Das Mädchen hängt das Poster an d_____ Wand.

    Translation: _____

12. Meine Schwester führt das Pony über d_____ Brücke.

    Translation: _____

13. Ihr Freund legt sich zwischen d_____ Sofa und d_____ Sessel.

    Translation: _____

14. Der Hund liegt unter d_____ Küchentisch.

    Translation: _____

15. Der Kalender hängt an d_____ Kühlschrank.

    Translation: _____

5. Genitive Case

5.1 - Complete the sentences with the correct genitive phrases.

1. Der Krach _____ (der Unfall) wird bis in die Ewigkeit in meinem Kopf leben.

2. Wir sind nicht zur _____ (Martha) Hochzeit gegangen.

3. Der erste Tag _____ (der Monat) ist sein Geburtstag.

4. Der Affe stiehlt den Hut _____ (der Historiker).

5. Das Verkehrsministerium gilt als Teil _____ (die Regierung).

6. Die Kruste _____ (das Brot) ist hart und knackig.

7. Ich habe die Tasten _____ (das Klavier) rot bemalt.

8. Es gibt viele Feste in den Regionen _____ (Deutschland)

9. Ich denke, mein Sohn ist Teil _____ (der Schmutz) geworden.

10. Die Lehrerin gibt den Schülern die Anweisungen _____ (die Hausaufgaben).

5.2 - Combine the following sentences using the genitive case.
Example: Das Hemd gehört Bob. Das Hemd ist rot. - Bobs Hemd ist rot.
Example: Die Schuhe gehören meinen Kindern. Die Schuhe sind auf dem Boden. - Die Schuhe meiner Kinder sind auf dem Boden.

1. Der Polizist arbeitet in dieser Stadt. Er wohnt in einer anderen Stadt.

   _____

2. Meine Oma hat einen Ofen. Der Ofen ist kaputt.

   _____

3. Das Kapitel ist in dem Buch. Dieses Kapitel ist das letzte Kapitel.

   _____

4. Dieser Diamant gehört dem Ring. Der Diamant ist ausgefallen.

   _____

5. Die Mitglieder gehören unserer Mannschaft. Die Mitglieder spielen gegen eine andere Mannschaft.

   _____

5.3 - Translate the following sentences into German using the genitive case where appropriate.

1. I like the design of the building.

   _____

2. We are discussing the future of our company.

   _____

3. The history of the city fascinates me.

   _____

4. The color of the flowers is beautiful.

   _____

5. They found the solution to the problem.

   _____

6. The cover of the book is damaged.

   _____

7. We celebrated the success of our team.

   _____

8. He admires the work of the artist.

   _____

9. The results of the test were surprising.

   _____

10. He explained the importance of the event.

    _____

11. We enjoyed the view from the top of the hill.

    _____

12. They investigated the cause of the accident.

    _____

13. The teacher corrected the mistakes of the students.

    _____

14. The family celebrated the birthday of their grandmother.

    _____

15. She described the features of the software.

    _____

5.4 - Complete the questions below with the correct question word from the list.

wer	wen	wem	wessen

1. _____ hat mein Handy gesehen?
2. _____ Idee war das?
3. _____ Bruder arbeitet in der Bank?
4. _____ Handy ist das auf dem Tisch?
5. Bei _____ habt ihr die Hausaufgaben abgeschrieben?
6. An _____ haben Sie gestern geschrieben?
7. _____ haben Sie um Hilfe gebeten?
8. _____ hast du gestern Abend geschrieben?
9. _____ Hund bellt so laut?
10. _____ war gestern Abend auf der Party?
11. Auf _____ wartest du am Bahnhof?
12. Von _____ habt ihr diese interessante Information gehört?
13. An _____ habe Sie das Paket geschickt?
14. _____ gehört das Auto vor dem Haus?
15. _____ möchte gerne eine Tasse Tee?
16. _____ hast du das Buch ausgeliehen?
17. _____ habt ihr zum Essen eingeladen?
18. _____ hast du das Geschenk gegeben?
19. Über _____ haben Sie gestern im Meeting gesprochen?
20. _____ ist dein bester Freund?
21. Von _____ hast du das Buch geliehen?
22. _____ hast du zuletzt angerufen?
23. _____ hat den Kuchen gebacken?
24. _____ möchtet ihr zur Party einladen?
25. Für _____ hast du das Geschenk gekauft?
26. Auf _____ wartet er die ganze Zeit?
27. _____ Auto steht vor der Tür?
28. _____ hat sie gestern im Park getroffen?
29. _____ hast du den Schlüssel gegeben?
30. Mit _____ gehst du heute Abend aus?

5.5 - Complete the sentences with the correct translation of the expressions in parentheses.

1. _____ (one day) werde ich nach Deutschland reisen.
2. _____ (one evening) gehen wir ins Theater.
3. _____ (one week) besuchten wir drei Länder.
4. _____ (one year) wurde unser Haus renoviert.
5. _____ (one summer) machten wir eine Fahrradtour.

5.6 - Complete the sentences with the correct translation of the expressions in parentheses. Use the list of adjectives given below. One will be used twice.

bedürftig	bewusst	fähig	gewiss	schuldig
sicher	überdrüssig	verdächtig	würdig	

1. Er ist _____ (aware of the danger).
2. Sie ist _____ (capable of great achievements).
3. Ich bin _____ (certain of his success).
4. Wir sind _____ (secure in our decision).
5. Er ist _____ (tired of the routine).
6. Sie war _____ (suspected of the crime).
7. Er ist _____ (worthy of the honor).
8. Sie ist _____ (in need of assistance).
9. Er fühlte sich _____ (guilty of the mistake).
10. Wir sind _____ (certain of the outcome).

5.7 - Match the following prepositions to their English translations.

1. anlässlich _____	A. above
2. anstatt _____	B. according to
3. aufgrund _____	C. because of
4. außerhalb _____	D. by virtue of
5. bezüglich _____	E. despite, in spite of
6. diesseits _____	F. during
7. innerhalb _____	G. inside of
8. jenseits _____	H. instead of
9. kraft _____	I. on the basis of, because of
10. laut _____	J. on the occasion of
11. oberhalb _____	K. on the other side of
12. seitens _____	L. on the side of
13. trotz _____	M. outside of
14. unterhalb _____	N. this side of
15. wegen _____	O. under
16. während _____	P. with regard to

5.8 - Complete the dialogue with the correct prepositions from the list below.

anstatt	bezüglich	innerhalb	jenseits
laut	seitens	wegen	während

Luke: _____ des Schultages hatte ich Langeweile. Ich habe einen
Clown _____ der Prüfung gezeichnet. Der Lehrer wollte mit mir
_____ meine Kunst sprechen. _____ einer
Stunde stand ich vor dem Schulleiter und meinen Eltern. Sie haben gesagt, ich habe Hausarrest
_____ dieses Bildes. Vielleicht sollte ich einen Hund
_____ eines Clowns zeichnen. Dann wäre es bestimmt ok.

Fred: Ich verstehe das ganze nicht. Ich hätte gedacht, es gäbe mehr Verständnis
_____ deiner Eltern. Sie sind doch Künstler.

Luke: Ja, aber der Clown heißt Herr Krüger, genau wie mein Lehrer. Das war das Problem
_____ meines Vaters.

5.9 - Complete the sentences with the correct translations of the phrases in parentheses.

1. Meine Eltern möchten mit mir

   _____ (with regard to my grades)

   sprechen.

2. Da ich meinen Job gekündigt habe, gibt es viel mehr Stress

   _____ (on the part of my wife).

3. _____ (according to rumors, die

   Gerüchte) werden die Müllers sich bald scheiden lassen.

4. _____ (on the other side of the

   rainbow, der Regenbogen) soll sein Goldschatz sein.

5. _____ (by virtue of his influence,

   der Einfluss) kann er hunderte von Menschen dazu zwingen, etwas zu kaufen.

6. Die Aussicht von dem Berg _____

   (above the city) ist fantastisch.

7. Er konnte _____ (on the basis of

   his debts, die Schulden) keine Anleihe bekommen.

8. Herr Antrim hat _____ (on the

   occasion of his milestone, der Meilenstein) getanzt.

9. Sie spielt weiter _____ (in spite of

   her injury, die Verletzung).

10. Wenn es einen Tornado gibt, ist es sicherer

    _____ (inside of a building).

11. Der Hund ist traurig, wenn er im Regen

    _____ (outside of the house)

    stehen muss.

12. _____ (because of the light)

    konnte er gar nichts sehen.

13. Die Polizistin hat 300 Tage _____

    (during the last year) gearbeitet.

14. _____ (this side of the room) ist

    viel wärmer.

15. Ich trage heutzutage einen Hut

    _____ (instead of a mask).

6. Miscellaneous Odds and Ends

6.1 - Complete the following sentences with the correct translation of the phrases in parentheses.

1. Ich sehe _____ (my nephew) im Park spielen.
2. Der Hund _____ (of his neighbor) ist sehr laut.
3. Wir haben _____ (the customer) gesprochen.
4. Das ist das Auto _____ (of the German man).
5. Ich habe _____ (the lion) im Zoo besucht.
6. Die Geschichte _____ (of the hero) ist sehr spannend.
7. _____ (The name) des neuen Schülers ist Max.
8. _____ (The Russian) kommt aus Moskau.
9. Ich habe das Buch _____ (of the gentleman) gefunden.
10. _____ (The elephant) hat große Ohren.
11. Das Haus _____ (of the farmer) ist sehr alt.
12. _____ (The idiot) hat den Fehler gemacht.
13. Die Arbeit _____ (of the architect) ist beeindruckend.
14. Wir besuchen _____ (the German man) nächste Woche.
15. _____ (The bear) schläft im Winter.

6.2 - Complete the sentences with the correct demonstrative pronouns.

1. Das ist meine Katze. _____ habe ich nicht gern.
2. Dein Fahrrad ist schon sehr alt. Aber _____ kann noch fahren.
3. Habt ihr eurer Mutter diese Halskette gekauft? _____ ist sehr schön.
4. Hast du meinen Kuli gesehen? Ja, _____ ist jetzt hier.
5. Hast du mein neues Auto gern? Ja, _____ ist ganz toll.
6. Wie findest du den Namen meines Kindes? _____ finde ich super.
7. Kennst du diesen Film? Ja, _____ kenne ich gut.
8. Kennst du diese Bäckerei? Ja, _____ kenne ich gut.
9. Magst du Brombeeren? Ja, _____ habe ich sehr gern.
10. Wie kommt man zum Erdgeschoss? _____ findet man mit dem Fahrstuhl.

6.3 - Deconstruct the following sentences to form the sentences that were used to create their relative clauses.

Beispiel: Der Hund, der auf dem Sofa schläft, ist braun.

Antwort: Der Hund ist braun. Der Hund schläft auf dem Sofa.

1. Der Lehrer, der uns Deutsch unterrichtet, besitzt eine beeindruckende Sammlung an alten Büchern.

   _____

   _____

2. Der Hund, den mein Nachbar im Garten hält, hat viel Energie.

   _____

   _____

3. Die Schauspielerin, die den Oscar gewonnen hat, hat eine inspirierende Geschichte, die sie in ihrer Dankesrede erzählt hat.

   _____

   _____

   _____

4. Der Bäcker, der jeden Morgen frische Brötchen backt, hat eine unglaublich leckere Zimtschnecke, die ich jedes Mal kaufe.

   _____

   _____

   _____

6.4 - Fill in the blanks with the correct relative pronoun for each of the following sentences.

1. Mein Vater spricht mit der Lehrerin, _____ ich nicht mag.
2. Die Schule, _____ Schüler ihre Hausaufgaben nie machen, brennt nieder.
3. Der Affe, _____ gerne Bananen frisst, lebt in Afrika.
4. Die Kinder gehen mit ihrer Mutter, _____ die Karten kauft, ins Kino.
5. Der Schüler, _____ Mutter Lehrerin ist, muss immer fleißig arbeiten.
6. Ich habe die Steuererklärungen der Mitarbeiter gefunden, _____ verloren wurden.
7. Das vergessliche Mädchen verliert das Buch, _____ der Bibliothek gehört.
8. Ich musste den Teil (der Geschichte), _____ meine Mutter nicht geglaubt hat, drei Mal erzählen.
9. Ich hasse diese Tage, _____ Stunden nicht genügen.
10. Der Affe, _____ im Käfig steht, ist sehr süß.
11. Das T-Shirt gefällt dem Mädchen, _____ ich es geschenkt habe.
12. Dieses Beispiel, _____ ich gerade gesagt habe, habe ich gestern auch gegeben.
13. Mein Bruder, _____ Flug gerade abgeflogen ist, hat seinen Koffer vergessen.
14. Mein Vater sagt meiner Schwester, _____ Auto kaputt ist, dass sie sein Auto fahren darf.
15. Wir haben den Kindern, _____ Kostüme anhatten, Süßigkeiten gegeben.
16. Die Arbeit, _____ der Angestellte macht, ist sehr wichtig.
17. Der Mann, _____ er gestern getroffen hat, ist Arzt.
18. Wir haben das Haus, _____ Fenster kaputt war, repariert.
19. Ich habe diese Frau, _____ wunderschön ist, am Wochenende getroffen.
20. Ich sehe die Kinder, _____ du im Zoo gesehen hast.

6.5 - Combine the following sets of 3 sentences to create one complete sentence that incorporates the information from all 3 sentences using relative pronouns and relative clauses.

Beispiel: Das Museum war voller Kunstwerke. Wir haben das Museum besichtigt. Die Kunstwerke haben uns beeindruckt und inspiriert.

Antwort: Das Museum, das wir besichtigt haben, war voller Kunstwerke, die uns beeindruckt und inspiriert haben.

1. Der Mann hat einen Hund. Der Mann ging gestern im Park spazieren. Der Hund bleibt immer an seiner Seite.

   _____

   _____

2. Das Kind lacht immer. Das Kind hat Freunde. Die Freunde lassen das Kind nie im Stich.

   _____

   _____

3. Der Baum hat viele schöne Blätter. Der Baum steht vor meinem Fenster. Die Blätter werden im Herbst goldgelb.

   _____

   _____

4. Die Stadt hat Straßen. Ich bin in der Stadt aufgewachsen. Ich kenne die Straßen gut.

   _____

6.6 - Combine the following pairs of sentences to create one complete sentence that incorporates the information from both sentences using a relative pronoun and relative clause.

Beispiel: Der Mann heißt Paul. Ich habe den Mann gestern gesehen.

Antwort: Ich habe den Mann, der Paul heißt, gesehen.

1. Der Mann hat mir geholfen, als ich meinen Schlüssel verloren habe. Ich habe den Namen des Mannes vergessen.

   _____

   _____

2. Das Haus bedeutet mir sehr viel. Ich bin in dem Haus aufgewachsen.

   _____

3. Die Frau hatte ein interessantes Buch dabei. Das Buch hat mich inspiriert.

   _____

4. Der Junge war sehr talentiert. Der Junge hat im Park Basketball gespielt.

   _____

5. Der Arzt parkt das Auto auf der Straße. Das Auto hat mich an meine Jugend erinnert.

   _____

   _____

6. Der Park hat einen See. Ich gehe immer im Park spazieren.

   _____

7. Die Katze schläft auf dem Sofa. Die Katze ist sehr süß.

   _____

8. Der Film handelt von einer Reise durch das Weltall. Wir sehen den Film heute Abend im Kino.

   _____

   _____

9. Das Restaurant hat köstliches Essen und freundliche Bedienung. Wir haben gestern Abend im Restaurant gegessen.

   _____

   _____

10. Der Lehrer trägt jeden Tag eine Fliege. Ich lerne bei dem Lehrer Deutsch.

   _____

   _____

6.7 - Combine the following sets of 3 sentences to create one complete sentence that incorporates the information from all 3 sentences using relative pronouns and relative clauses.

Beispiel: Das Museum war voller Kunstwerke. Wir haben das Museum besichtigt. Die Kunstwerke haben uns beeindruckt und inspiriert.

Antwort: Das Museum, das wir besichtigt haben, war voller Kunstwerke, die uns beeindruckt und inspiriert haben.

1. Das Buch liegt auf meinem Nachttisch. Ich habe das Buch noch nicht gelesen. Meine Lieblingslampe steht auf dem Nachttisch.

   _____

   _____

2. Die Musik läuft im Radio. Die Musik ist beruhigend. Ich kann die Lautstärke des Radios mit meinem Handy kontrollieren.

   _____

   _____

3. Der Computer hat einen Prozessor. Der Prozessor ist sehr schnell. Ich habe gestern den Computer gekauft.

   _____

   _____

4. Die Stadt liegt in der Mitte des Landes. Ich möchte die Stadt besuchen. Ich wohne in dem Land.

   _____

   _____

5. Der Hund hat blaue Augen. Man könnte sich in den Augen verlieren. Ich habe den Hund im Tierheim gesehen.

   _____

   _____

6.8 - Match the following German verbs to their English translations.

1. sich ärgern _____	A. to apply for
2. sich ausruhen _____	B. to be afraid of
3. sich benehmen _____	C. to be happy about
4. sich bewerben um _____	D. to be interested in
5. sich erholen _____	E. to behave
6. sich erinnern _____	F. to blow dry one's hair
7. sich die Haare föhnen _____	G. to break up with
8. sich fürchten vor _____	H. to brush one's teeth
9. sich freuen über _____	I. to change clothes
10. sich interessieren für _____	J. to converse
11. sich kümmern um _____	K. to fall in love with
12. sich legen _____	L. to get along
13. sich die Zähne putzen _____	M. to get angry/upset
14. sich rasieren _____	N. to imagine something
15. sich trennen von _____	O. to lay down
16. sich umziehen _____	P. to recover
17. sich unterhalten _____	Q. to remember
18. sich verlieben in _____	R. to rest
19. sich verstehen _____	S. to shave
20. sich etwas vorstellen _____	T. to take care of

6.9 - Complete the following sentences with the correct reflexive pronouns.

1. Ich werde _____ auf die ruhige Fahrt nach Hause freuen.
2. Die Autorin hat _____ das Bein auf der Treppe gebrochen.
3. Waschen Sie _____ täglich die Haare oder eher wöchentlich?
4. Werden Sie _____ neben Ihren Chef setzen?
5. Am Freitag haben wir _____ gewundert, ob das Paket überhaupt kommt.
6. Bade _____ einfach am Morgen!
7. Haben Sie _____ entschieden, was Sie essen möchten?
8. Wir müssen _____ auf unsere Rede vorbereiten.
9. Ich werde _____ Spaghetti zum Abendessen kochen.
10. Am Wochenende schminken wir _____ nicht.
11. Das Mädchen zieht _____ die Jacke an.
12. Die Politikerin wünscht _____ eine zweite Amtszeit.
13. Erkälte _____ nicht!
14. Setzen Sie _____ bitte hin!
15. Die Redaktorin sieht _____ das neue Buch an.
16. Die Mitarbeiter werden _____ nach der Arbeit treffen.
17. Ich habe _____ seiner Mutter vorgestellt.
18. Die Klavierspieler überlegen _____, ob sie Schlagzeug spielen sollten.
19. Trocknet ihr _____ zuerst die Haare oder den Körper ab?
20. Wir wollen _____ nicht verletzen.

6.10 - Use one element from each column in a full German sentence in the Präsens tense. Don't forget to change "sich" to a different pronoun as needed. You will also need to pay attention to conjugation, cases and word order.

ich	sich konzentrieren auf	in die Schule	in ein paar Wochen
das Mädchen	sich gewöhnen an	die Hitze	im Büro
sie (they)	sich kaufen	die Preise für Hotelzimmer	jeden Abend
ihr	sich erkundigen nach	die Arbeit	jeden Tag
du	sich duschen	im Bad	jeden Morgen
mein Vater	sich beeilen	das Gesicht	nicht
der Professor	sich leisten können	etwas neues	zur Hochzeit
die Braut	sich rasieren	sein Haus	nicht mehr

_____

_____

_____

_____

_____

_____

_____

_____

6.11 - Fill in the blanks with the correct forms of the correct verbs and the correct reflexive pronouns to complete the sentences.

sich etwas anhören	sich anziehen	sich aufregen	sich ausziehen	sich die Haare bürsten
sich entschuldigen	sich krank/wohl fühlen	sich hinlegen	sich waschen	sich wundern

1. Am Montag habe ich _____ nicht wohl _____. Ich habe fast den ganzen Tag geschlafen.

2. Nach dem Bad _____ ich _____ jeden Morgen die Haare.

3. Das Kind kann _____ alleine die Kleidung _____.

4. Die Krankenpfleger müssen _____ 50 Mal am Tag die Hände _____.

5. _____ Sie _____ bitte _____. Dann werden Sie viel bequemer sein.

6. Ich habe _____ _____, dass das Haus immer noch stand.

7. Der Arbeiter hat _____ _____ und hat sich in die Badewanne gesessen.

8. Warum hast du _____ so _____? Es war nur ein Witz.

9. Ich muss _____ täglich viel _____. Ich mache viele Fehler.

10. Meine Verlobte _____ _____ jeden Morgen ihr Lieblingslied _____.

6.12 - Fill in the blanks in the following sentences with the correct form of the reflexive verbs from the word bank and their accompanying pronouns. Hint: If there is a 3rd blank in a sentence it is for a separable prefix or a preposition.

sich abtrocknen	sich erinnern	sich anziehen	sich freuen auf
sich beeilen	sich putzen	sich duschen	sich entscheiden
sich entschuldigen	sich erkälten	sich leisten	sich interessieren
sich kämmen	sich rasieren	sich verspäten	sich waschen

1. Die Kinder _____ _____ am Abend.

2. Die Kinder müssen _____ die Hände _____, bevor sie essen dürfen.

3. Du solltest deine Jacke tragen, sonst _____ du _____.

4. Herr Antrim _____ _____ jeden Morgen das Gesicht.

5. Herr Antrim _____ _____ schon _____ den Sommer.

6. Meine Schwester _____ _____ jeden Morgen einen Rock _____.

7. Meine Tochter und ich _____ _____ jeden Morgen die Zähne.

8. Nach einem Bad _____ ich _____ _____.

9. Warum _____ ihr _____ heute nicht, was wir zu Abend essen wollen?

10. Wenn du _____ nicht _____ willst, musst du _____ manchmal _____.

11. Wenn ich etwas falsch gemacht habe, muss ich _____ _____.

12. Wenn mein Bruder nicht genug Geld hat, kann er _____ das nicht _____.

13. Ich _____ _____ für Batman und DC Comics.

14. _____ du _____ noch an deine Lehrerin von der 3. Klasse?

6.13 - Fill in the blanks with the correct reflexive pronoun (mich, dich, sich, uns, euch).

1. Du rasierst _____ jeden Tag.
2. Ich entspanne _____ nach der Arbeit.
3. Sie beschweren _____ über das Essen.
4. Sie schminken _____ vor dem Spiegel.
5. Ihr freut _____ auf den Urlaub.
6. Ich dusche _____ jeden Morgen.
7. Amüsiert ihr _____ auf der Party?
8. Wir setzen _____ an den Tisch.
9. Du musst _____ beeilen, um den Bus zu erwischen.
10. Er erinnert _____ an den Termin.
11. Wir treffen _____ um 14 Uhr im Café.
12. Du interessierst _____ für Musik.
13. Er verletzt _____ beim Fußballspielen.
14. Ihr erinnert _____ an die Schulzeit.
15. Ich freue _____ auf das Wochenende.

6.14 - Complete the sentences with the correct form of the reflexive verb and pronoun.

1. Ich _____ _____ (sich fühlen) heute nicht gut.
2. Du _____ _____ (sich beeilen), um pünktlich zu sein.
3. _____ ihr _____ (sich entspannen) am Wochenende?
4. Sie _____ _____ (sich bedanken) für das Geschenk.
5. Er _____ _____ (sich beeilen), um pünktlich zu sein.
6. _____ wir _____ (sich treffen) um 18 Uhr?
7. Sie _____ _____ (sich entscheiden) für das blaue Kleid.
8. Ich _____ _____ (sich waschen) jeden Morgen.
9. Sie _____ _____ (sich interessieren) für Kunst.
10. Du _____ _____ (sich beschweren) immer über das Wetter.
11. Sie _____ _____ (sich umziehen) nach der Arbeit _____.
12. Wir _____ _____ (sich erholen) nach dem langen Tag.
13. Du _____ _____ (sich wundern) über die Neuigkeiten.
14. Ich _____ _____ (sich setzen) auf den Stuhl.
15. Ihr _____ _____ (sich vorbereiten) auf die Prüfung _____.

6.15 - Translate the following sentences into German using reflexive verbs and pronouns.

1. You (singular) are brushing your teeth.

   _____

2. She is dressing herself.

   _____

3. He is shaving himself.

   _____

4. You (plural) are enjoying yourselves.

   _____

5. She is relaxing in the garden.

   _____

6. I am combing my hair.

   _____

7. I am drying myself off.

   _____

8. He is getting changed.

   _____

9. You (plural) are washing your hands.

   _____

10. We are meeting at the café.

    _____

11. I am washing myself.

    _____

12. They are arguing with each other.

    _____

13. We are preparing ourselves for the trip.

    _____

14. They are getting dressed.

    _____

15. We are brushing our teeth.

    _____

6.16 - Write the German equivalent of the following expressions. Remember, these should not necessarily be 1-to-1 translations. You need to make sure your version expresses the same thing as the original. Caution: Not all of these require reflexive pronouns.

1. My dog is getting used to his new dog food. (das Hundefutter - dog food)

   _____

2. I have been asking myself that for weeks.

   _____

3. My dad is considering buying a new car.

   _____

4. The coach is getting worked up about the game.

   _____

5. The child broke the stick. (die Stange - stick)

   _____

6. His brother annoys me.

   _____

7. The actors are putting on their make-up before the show.

   _____

8. The children brush their teeth before going to bed.

   _____

9. A blue bird is bathing in the bird bath. (das Vogelbad - bird bath)

   _____

10. The swimmer shaves his legs and arms before the race.

    _____

11. How often do you watch YouTube videos?

    _____

12. Put on your shoes.

    _____

13. Put on your coat or you will catch a cold.

    _____

14. I shower every morning.

    _____

15. My family is moving to Texas.

    _____

6.17 - Complete the chart below with the correct endings for the adjectives after definite articles (der-words). The der-words are already included in the chart. You simply need to add the adjective endings.

	Masculine	**Feminine**	**Neuter**	**Plural**
Nominative	der _____	die _____	das _____	die _____
Accusative	den _____	die _____	das _____	die _____
Dative	dem _____	der _____	dem _____	den _____
Genitive	des _____	der _____	des _____	der _____

6.18 - Complete the following sentences with the correct definite article endings and adjective endings.

1. Gehst du zum Haus d_____ zweit_____ Käufers?

2. Tragen wir morgen d_____ blau_____ T-Shirts!

3. Erklär mir bitte d_____ neu_____ Methode!

4. Das Restaurant bietet ab Morgen d_____ best_____ Angebot an.

5. Der Junge gewann das Spiel gegen d_____ alt_____ Mann.

6. D_____ lustig_____ Quizshow begann um 19:30 Uhr.

7. Schreibt ihr die Antworten mit d_____ bunt_____ Kulis?

8. Legen Sie die Bordkarten d_____ ganz_____ Gruppe auf den Schalter!

9. D_____ abenteuerlustig_____ Frau hat sich eine Zeitschrift angesehen.

10. Der Lehrer trifft sich mit d_____ best_____ Freunden im Restaurant.

11. D_____ begabt_____ Mädchen hat es geschaft, die Gleichung zu lösen.

12. Mein Onkel wird auf d_____ schwarz_____ Pferd reiten.

13. Lass den Salat d_____ charmant_____ Managers auf dem Tisch.

14. Es findet in d_____ nächst_____ zwei Wochen statt.

15. D_____ gut angezogen_____ Sprecher fängt mit seiner Rede an.

6.19 - Fill in the blanks below with the correct definite articles (or endings to them) and adjective endings.

1. _____ gut_____ Restaurants sind nicht immer teuer.

2. _____ jung_____ Verkäuferin ist an der Kasse.

3. Anstatt _____ dumm_____ Frage stellte er eine gute Frage.

4. Aus welch_____ groß_____ Stadt kommen sie?

5. Das ist das Auto _____ nett_____ Frau.

6. Die Tante gibt jed_____ klein_____ Mädchen ein Geschenk.

7. Er sieht jed_____ deutsch_____ Film.

8. Habt ihr dies_____ deutsch_____ Filme gesehen?

9. Ich spreche mit _____ nett_____ Österreicher.

10. Ich musste durch _____ schmutzig_____ Wäsche schwimmen.

11. Kaufst du dies_____ teur_____ Gitarre?

12. Mein Vater kauft Malerfarbe für _____ alt_____ Trabi.

13. Nach _____ schlecht_____ Film gingen wir ins Kino.

14. Trotz dies_____ schlecht_____ Wetters fahren wir in die Ferien.

15. Während _____ schlecht_____ Tage spielen wir nicht.

16. Wegen _____ schlecht_____ Fotos kommt der Junge am Montag nicht in die Schule.

17. Welch_____ rot_____ Fahrrad gefällt dir?

18. Wir besuchen euch während _____ schön_____ Sommers.

19. Wir wohnen bei _____ nett_____ Verwandten.

20. Wo ist _____ neu_____ Schüler?

6.20 - Complete the chart below with the correct endings for the adjectives after indefinite articles (ein-words). The ein-words are already included in the chart. You simply need to add the adjective endings.

	Masculine	**Feminine**	**Neuter**	**Plural**
Nominative	ein _____	eine _____	ein _____	(k)eine _____
Accusative	einen _____	eine _____	ein _____	(k)eine _____
Dative	einem _____	einer _____	einem _____	(k)einen _____
Genitive	eines _____	einer _____	eines _____	(k)einer _____

6.21 - Complete the following sentences with the correct definite article endings and adjective endings. If no ending is needed (i.e. the article is simply "ein"), put X in the blank.

1. Warum siehst du heute wie ein_____ begossen_____ Pudel aus?

2. Wird er morgen nach sein_____ kostenlos_____ Keksen fragen?

3. Ich habe seit Jahren keine Prüfung mein_____ deutsch_____ Klasse bestanden.

4. Ich muss morgen meinen Sohn zu sein_____ nächst_____ Arzttermin fahren.

5. Er sucht sein_____ ander_____ Schuh.

6. Matt Damon spielt den Vater ein_____ ermordet_____ Mädchens.

7. Wie heißt sein_____ dritt_____ Kind?

8. Warum kommen kein_____ sportlich_____ Mitglieder mit?

9. Mein Pferd folgt sein_____ mächtig_____ Pferd.

10. Wir werden morgen ein_____ leis_____ Dorf erreichen.

11. Ein_____ mitfühlend_____ Lehrerin hilft dem Jungen vom Boden.

12. Stellten die Kinder sich ihr_____ neu_____ Stiefmutter vor?

13. Hast du dich für sein_____ lecker_____ Rezepte interessiert?

14. Der Polizist schloß die Tür sein_____ rot_____ Sportwagens.

15. Die Nachbarn haben ein_____ riesengroß_____ Katze.

64

6.22 - Fill in the correct endings to the ein-words and adjectives in each sentence below. If no ending is needed, write "X" in the blank.

1. Anstatt ein_____ billig_____ Mantels kaufe ich mir lieber ein_____ teuer_____ Anzug.

2. Die Feiertage von ein_____ langweilig_____ Erwachsenen sind nur zum Schlafen.

3. Die Jugendlichen gehen im Herbst zu ihr_____ neu_____ Schule.

4. Die Laune ein_____ bös_____ Stiefmutter ist nie gut.

5. Die Preise sein_____ neu_____ CDs sind toll.

6. Die Tochter mein_____ alt_____ Tante besucht uns.

7. Ein_____ klein_____ Junge steht dort.

8. Er hat von sein_____ cool_____ Freunden lange nichts gehört.

9. Er will kein_____ grausam_____ Film sehen.

10. Gib dein_____ abergläubisch_____ Freund ein_____ toll_____ Geschenk!

11. Habt ihr kein_____ interessant_____ Bücher gelesen?

12. Ist die Tür ihr_____ groß_____ Zimmers zu?

13. Magst du mein_____ braun_____ Krawatte?

14. Mein_____ schmutzig_____ Bettwäsche kommt aus ein_____ klein_____ Stadt in Süddeutschland.

15. Mein_____ groß_____ Schwester ist siebzehn Jahre alt.

16. Mein_____ dumm_____ Schuhe gefallen mir nicht sehr gut.

17. Sein_____ verdreckt_____ Auto fährt sehr gut.

18. Sie gehen durch ein_____ deutsch_____ Museum.

19. Six Flags hat ein_____ gefährlich_____ Achterbahn in St. Louis gebaut.

20. Wir sprechen mit unser_____ nett_____ Lehrerin.

6.23 - Complete the chart below with the correct endings for the unpreceded adjectives.

	Masculine	Feminine	Neuter	Plural
Nominative				
Accusative				
Dative				
Genitive				

6.24 - Complete the following sentences with the correct definite article endings and adjective endings.

1. Persönlich_____ Gier ist das größte Problem der Welt.

2. Mittagessen ist besser mit grün_____ Gemüse.

3. Die Seife ist besser in teur_____ Toiletten.

4. Gemein_____ Menschen sind normalerweise nicht sehr glücklich.

5. Meine Schwester hat einen Hamburger mit kalt_____ Cola bestellt.

6. Ich habe jeden Morgen groß_____ Hunger.

7. Ich möchte süß_____ Limonade bestellen.

8. Gut_____ Käse kommt aus Frankreich.

9. Die Farbe frisch gemolken_____ Milch ist nicht wirklich weiß.

10. Ich trinke lieber kalt_____ Wasser.

11. Deutsch_____ Bier schmeckt mir besser.

12. Groß_____ Durst könnte gefährlich sein.

13. Die Häufigkeit nachweisbar_____ Lügen auf sozialen Medien steigt jedes Jahr.

14. Der Geruch heiß_____ Kakaos ist besser als der Geschmack.

15. Pikachu antwortet mit unbiegsam_____ Zorn.

6.25 - Fill in the blanks with the correct der-words, ein-word endings, and adjective endings. If no ending is needed in a blank, write an "X" in the blank. Note: Blanks requiring der-words are simple blank spaces. Blanks requiring ein-word endings will be preceded by an ein-word (ein, kein, mein, dein, sein, etc.).

1. _____ erfolgreichst_____ Verkäufer sollen mit jed_____ neu _____ Kunden sprechen.

2. _____ groß_____ Mann gibt _____ klein_____ Mädchen _____ süß_____ Hund.

3. _____ jung_____ Mädchen schenkt _____ hässlich_____ Frau _____ dringend gebraucht_____ Geld wegen ihr_____ traurig_____ Geschichte.

4. _____ neu_____ Band spielt toll_____ Musik.

5. _____ schön_____ Frau kauft _____ jung_____ Kellner _____ gut_____ Spezialität _____ alt_____ Restaurants.

6. Blond_____ Haare gefallen mein _____ älter_____ Bruder nicht.

7. Braun_____ Haare gefallen mir.

8. Braun_____ Hosen habe ich nicht gern.

9. Die Band hat toll_____ Musik gespielt.

10. Dumm_____ Leute verstehe ich nicht.

11. Ein_____ gut_____ Koch braucht gut_____ Käse mit frisch_____ Brot und schmackhaft_____ Wurst um einen guten Sandwich zu machen.

12. Ein_____ tief_____ Geruch von gut_____ Käse verstärkt mich.

13. Frisch_____ Milch trinke ich lieber als sauer_____ Milch.

14. Mein_____ zwei älter_____ Brüder haben klein_____ Kinder.

15. Sein_____ braun_____ Schuhe finden wir mit ein_____ schmutzig_____ Socke.

16. Tief_____ Wasser sind nicht still.

6.26 - Complete the following sentences with the correct form of the adjectives in parentheses. You will need to use the comparative or superlative form of each adjective and then add an adjective ending.

1. Ich bin der Besitzer des _____ Pferdes. Mein Pferd kann schriftlich dividieren. (intelligent)

2. Seine Tochter spielt immer mit den _____ Puppen. (hässlich)

3. Die populäre Fußballspielerin hilft der _____ Fußballspielerin. (unbeholfen)

4. Superman ist nicht der _____ Superheld, aber er ist sehr stark. (kräftig)

5. Du wirst kein _____ Mädchen finden. (ahnungslos)

6. Sie spielt mit dem _____ Tier der Welt, dem Faultier. (langsam)

7. Ich habe den _____ Hund im Park gesehen. (glücklich)

8. Das deutsche Volk sind die _____ Menschen der Welt. (vertrauenswürdig)

9. Das saubere Zimmer gehört dem _____ Jungen. (organisiert)

10. Die Lehrerin ruft die Eltern der _____ Kinder an. (frech)

11. Zwischen Herrn Antrim und Mark Wahlberg ist Mark die _____ Person. (berühmt)

12. Die Augen der _____ Katze sind grün. Keine andere Katze ist so niedlich wie diese Katze. (niedlich)

13. Der Junge sucht eine _____ Frau. (bescheiden)

14. Die Lehrerin bringt die _____ Kinder zum Spielplatz. (brav)

15. Stephenie Meyer sollte die Bücher eines _____ Autors lesen. (kreativ)

16. Zwischen den USA und Mexiko sind die USA das _____ Land. (groß)

6.27 - Complete the sentences with the correct article and adjective endings.

Es war ein_____ sonnig_____ Tag im Herbst, als d_____ neugierig_____ Anna und ihr_____ abenteuerlustig_____ Freund Lukas beschlossen, d_____ weltberühmt_____ Oktoberfest in München zu besuchen. Sie hatten schon viel von dies_____ farbenfroh_____ und lebhaft_____ Volksfest gehört und waren gespannt, all d_____ traditionell_____ Attraktionen, d_____ köstlich_____ Speisen selbst zu erleben.

Sie reisten mit d_____ schnell_____ Zug und erreichten d_____ belebt_____ Münchner Hauptbahnhof. Die Stadt war bereits voller Menschen. Frauen trugen elegant_____, bunt_____ Dirndl. D_____ hübsch_____ Männer trugen fein bestickt_____ Lederhosen und kariert_____ Hemden.

Als sie das Festgelände betraten, wurden sie von ein_____ riesig_____, festlich dekoriert_____ Eingangstür begrüßt. Überall roch es nach gebrannt_____ Mandeln, frisch gebacken_____ Brezeln und herzhaft_____ Brathendl. D_____ lebendig_____ Musik traditionell_____ Blaskapellen erfüllte die Luft, während rhythmisch_____, fröhlich_____ Melodien aus den Festzelten kommt.

Anna und Lukas entschieden sich, zuerst eine d_____ groß_____, prachtvoll geschmückt_____ Achterbahnen zu erkunden. Die Wagen waren blitzend sauber und mit bunt_____ Lichtern geschmückt, die in der Herbstsonne funkelten. Mit klopfend_____ Herzen stiegen sie ein, gespannt auf die rasant_____ Abfahrten und atemberaubend_____ Höhen.

Nach d_____ aufregend_____ Ritt stärkten sie sich mit ein_____ köstlich_____ Mahlzeit. Sie wählten ein_____ traditionell_____ bayrisch_____ Mahlzeit – eine Auswahl an würzig_____ Wurstsorten, kräftig_____ Käse und frisch gebacken_____ Laibbrot. Dazu tranken sie ein_____ kühl_____ Bier, das perfekt zum herzhaft_____ Essen passte.

6.28 - Choose the correct preposition for the following verbs.

1. Sie wartet _____ den Bus.

   a) auf   b) für   c) mit

2. Er fragt _____ dem Weg.

   a) nach   b) um   c) von

3. Sie freut sich _____ das Geschenk.

   a) für   b) über   c) auf

4. Er hat sich _____ den Job beworben.

   a) um   b) an   c) zu

5. Sie leidet _____ das kalte Wetter.

   a) von   b) unter   c) mit

6. Er zweifelt _____ der Wahrheit.

   a) an   b) über   c) zu

7. Sie denkt oft _____ ihre Zukunft.

   a) für   b) über   c) auf

8. Er träumt _____ einem Haus am Meer.

   a) von   b) mit   c) auf

9. Sie beteiligt sich _____ dem Projekt.

   a) für   b) an   c) in

10. Er erinnert sich _____ seine Kindheit.

    a) auf   b) für   c) an

6.29 - Complete the sentences with the correct form of the verbs in the word bank below.

ärgern	arbeiten	beschweren	danken	denken
entscheiden	erinnern	fragen	freuen	glauben
interessieren	kämpfen	kümmern	leiden	sprechen
suchen	teilnehmen	träumen	verabschieden	warten

1. Jeden Tag _____ die Schülerin an die bevorstehende Prüfung.

2. Er _____ sich um seine kranke Großmutter.

3. Maria _____ sich oft an ihren ersten Schultag.

4. Wir _____ auf den Bus, der uns zur Schule bringt.

5. Meine Schwester _____ sich schon lange auf das Konzert ihrer Lieblingsband.

6. Peter _____ an seinen Traum, eines Tages ein berühmter Sänger zu werden.

7. Wir _____ uns über das schlechte Wetter, das unsere Reisepläne beeinflusst hat.

8. Am Wochenende wird sie an einem Malwettbewerb _____.

9. Jeden Morgen _____ er eine halbe Stunde an seiner Webseite.

10. Nach der Arbeit _____ die Sekretärin mit ihren Kollegen über den neuen Chef.

11. Wir _____ oft nach einer Lösung für das Problem.

12. Die Politikerin _____ immer für die Rechte der Frauen.

13. Wir _____ euch für eure Hilfe beim Umzug.

14. Der Schüler _____ sich über die schwierige Aufgabe.

15. Die Eltern _____ nach dem Weg.

16. Sie _____ sich für die Wissenschaft und liest viele Bücher darüber.

17. Er _____ oft von einer Reise um die Welt.

18. Die Familie _____ sich schweren Herzens von ihrem alten Haus.

19. Wir _____ uns schließlich für das rote Auto.

20. Er _____ an einer seltenen Krankheit.

6.30 - Translate the following sentences into German. Use the verbs with prepositions list to help you choose the correct combination.

1. She insists on her opinion.

   _____

2. The story is based on true events.

   _____

3. They asked for directions.

   _____

4. He thanked them for the gift.

   _____

5. Can you tell me more about your trip?

   _____

6. This road leads to the city center.

   _____

7. He helps her with the homework.

   _____

8. We are hoping for good weather.

   _____

9. They are talking about the new movie.

   _____

10. The flowers smell like roses.

   _____

11. She gets upset about small things.

   _____

12. After the exam, she recovered from the stress.

   _____

13. They inquired about the next train.

   _____

14. The book is about a mysterious adventure.

   _____

15. He is mistaken about the answer.

   _____

6.31 - Choose the correct preposition for the following adjectives.

1. Sie ist _____ das Ergebnis überrascht.

   a) über   b) auf   c) für

2. Er ist _____ dem Wetter enttäuscht.

   a) von   b) über   c) nach

3. Sie ist _____ ihre Leistungen stolz.

   a) an   b) auf   c) bei

4. Er ist _____ seine schlechte Laune wütend.

   a) auf   b) über   c) an

5. Sie ist _____ der Aufgabe überfordert.

   a) für   b) von   c) bei

6. Er ist _____ die Situation besorgt.

   a) über   b) bei   c) nach

7. Sie ist _____ Matheunterricht sehr gut.

   a) in   b) bei   c) für

8. Er ist _____ seine Geschwister neidisch.

   a) auf   b) über   c) an

9. Sie ist _____ ihren besten Freund verliebt.

   a) mit   b) in   c) für

10. Er ist _____ diese Firma bekannt.

   a) bei   b) für   c) an

6.32 - Complete the sentences with the correct form of the adjectives in the word bank below.

bekannt	fertig	interessiert	müde	neugierig
stolz	traurig	verantwortlich	verliebt	wütend

1. Der Lehrer ist _____ auf die Projekte seiner Schüler.

2. Sie ist sehr _____ auf die neue Nachbarin.

3. Er ist total _____ in seiner Freundin.

4. Die Stadt ist _____ für ihre historische Architektur.

5. Wir sind endlich _____ mit unserer Arbeit.

6. Wir sind alle _____ von unserer Reise.

7. Er war _____ über die Nachricht des Unglücks.

8. Die Kinder sind sehr _____ an den neuen Spielen.

9. Er ist _____ auf seine Katze, weil sie das Sofa zerkratzt hat.

10. Sie ist _____ für die Organisation der Veranstaltung.

6.33 - Translate the following sentences into German. Use the adjectives with prepositions list to help you choose the correct combination.

1. She is angry at her brother.

   _____

2. They are proud of their accomplishments.

   _____

3. He is curious about the new book.

   _____

4. She is dependent on her parents.

   _____

5. The manager is responsible for the project.

   _____

7. Final Exam

7.1 - Fill in the blanks with the correct definite articles (der, die, das, den, dem, des).

1. _____ Hund läuft durch den Park.
2. Ich sehe _____ Mann im Auto.
3. Die Blumen sind für _____ Lehrer.
4. Das Haus _____ Frau ist sehr groß.
5. _____ Katze schläft auf dem Sofa.
6. Wir besuchen _____ Museum am Wochenende.
7. Er gibt _____ Kind einen Ball.
8. Die Tür _____ Autos ist offen.
9. Ich habe _____ Buch gelesen.
10. Sie spricht mit _____ Arzt über die Behandlung.
11. Die Farbe _____ Himmels ist heute besonders schön.
12. _____ Film war sehr spannend.
13. Er trinkt _____ Kaffee am Morgen.
14. Wir danken _____ Eltern für das Geschenk.
15. Die Geschichte _____ Buches ist sehr interessant.

7.2 - Fill in the blanks with the correct indefinite articles (ein, eine, einen, einem, eines).

1. Er kauft _____ neues Auto.
2. Sie hat _____ Katze im Garten gesehen.
3. Wir haben _____ Freund in Berlin besucht.
4. Er gibt _____ Kind ein Geschenk.
5. Das ist das Haus _____ alten Mannes.
6. Sie liest _____ interessantes Buch.
7. _____ Hund bellt in der Nacht.
8. Wir warten auf _____ Bus.
9. Er schenkt _____ Frau Blumen.
10. Die Farbe _____ neuen Hemdes gefällt mir.
11. Sie arbeitet in _____ großen Firma.
12. Wir haben _____ leckeren Kuchen gebacken.
13. Sie spricht mit _____ Arzt über das Problem.
14. Er wohnt in _____ kleinen Wohnung.
15. Sie hat _____ alten Freund getroffen.

7.3 - Complete the sentences with the correct preposition and phrase to translate the information provided in parentheses.

1. _____ (In the morning) trinke ich immer Kaffee.

2. Sie fährt oft _____ (through the city) mit dem Fahrrad.

3. Das Buch handelt _____ (about a mystery).

4. Er arbeitet _____ (in the library) an seinem Projekt.

5. Die Katze sitzt _____ (on the windowsill) und schaut hinaus.

6. _____ (Without a coat) ist es zu kalt draußen.

7. Der Mann _____ (with the hat) ist mein Onkel.

8. _____ (During the night) war es sehr laut draußen.

9. Die Blume wächst _____ (beside the fence).

10. Er hat das Geschenk _____ (for his wife) gekauft.

11. _____ (Because of the rain) sind die Straßen nass.

12. Sie stellt das Bild _____ (on the table) ab.

13. Der Schlüssel liegt _____ (under the doormat).

14. _____ (With a smile) begrüßte sie die Gäste.

15. Sie kommen _____ (from the concert) zurück.

16. Der Hund rennt _____ (around the house) den ganzen Tag.

17. Die Kinder haben den Ball _____ (over the fence) geworfen.

18. Er geht _____ (to the gym) nach der Arbeit.

19. Das Auto steht _____ (in front of the garage).

20. Sie saßen lange _____ (by the fireplace) und redeten.

7.4 - Arrange the following elements to form grammatically correct sentences in German. Use the correct word order, verb conjugation, articles, pronouns and prepositions where needed. The punctuation at the end of each list of words tells you if it should be a statement, question or command.

1. lesen / ein Buch / in / der Park / ich / heute / wollen .

   _____

2. sie (sg) / kaufen / in / die Stadt / morgen / Kleidung / wollen .

   _____

3. wir / fahren / mit / das Auto / nach / Italien / in / der Sommer .

   _____

4. nach Hause / er / gehen / wollen / an / der Abend / schnell .

   _____

5. ein Film / sie (pl) / sehen / in / das Kino / an / das Wochenende .

   _____

6. in / der Garten / spielen / die Kinder / Fußball / nach / die Schule ?

   _____

7. das Haus / streichen / wir / sollen / mit / eine Farbe / neu ?

   _____

8. essen / sie (sg) / in / das Restaurant / Pizza / an / der Abend / wollen ?

   _____

9. ein Geschenk / kaufen / du / für / meine Mutter / an / der Freitag !

   _____

10. fliegen / nach / sie (sg) / Amerika / nächst / Monat / mit / ihre Familie .

    _____

11. er / reparieren / sein Auto / in / die Garage / an / der Samstag .

    _____

12. an / der Morgen / laufen / ich / mit / mein Hund / in / der Park .

    _____

13. besuchen / wir / in / der Sommer / wollen / unsere Großeltern / auf / das Land !

    _____

14. Sie / lernen / Deutsch / mit / ein Tutor / in / das Internet !

    _____

15. ich / schreiben / ein Brief / für / mein Freund / in / die Schweiz

    _____

7.5 - Translate the following sentences into German. Pay close attention to the correct usage of the nominative, accusative, dative and genitive cases. Include proper adjective endings, prepositional phrases and dative verbs where appropriate.

1. The beautiful garden belongs to the friendly neighbor.

   _____

2. She gave the children colorful balloons for the party.

   _____

3. The price of the new car is surprisingly high.

   _____

4. I am helping my brother with his homework.

   _____

5. The children are playing in the park near the old church.

   _____

6. He is proud of his excellent grades in school.

   _____

7. We bought fresh bread from the bakery on the corner.

   _____

8. The woman, who lives next door, loves her black cat.

   _____

9. He forgot his keys at the office yesterday.

   _____

10. The view from the top of the mountain is breathtaking.

    _____

11. She sent a letter to her friend in Austria.

    _____

12. They are discussing the latest book by that famous author.

    _____

13. The teacher explained the difficult concept to the students.

    _____

14. My uncle's car is parked in front of our house.

    _____

15. She was talking about her exciting trip to Japan.

    _____

Answer Keys

1.1

Masculine (der)	Feminine (die)	Neuter (das)
-ismus	-ung	-chen
-ig	-schaft	-lein
-or	-tion	-ment
-ling	-heit	-tum
-er	-keit	
	-tät	
	-in	
	-e	

1.2

Masculine (der)	Feminine (die)	Neuter (das)
directions on a compass	name brands of motorcycles	baby people and animals
days of the week	names of ships	
weather phenomena	female people & animals	
male people & animals		
months & seasons		
name brands of cars		

1.3

1. der	2. die	3. der	4. der	5. die
6. das	7. die	8. das	9. die	10. das
11. die	12. der	13. der	14. das	15. der
16. die	17. das	18. die	19. der	20. die
21. das	22. die	23. das	24. die	25. das

2.1

1. Der	2. Die	3. Der	4. Der	5. Die
6. Der	7. Das	8. Das	9. Der	10. Der
11. Der	12. Der	13. Der	14. Der	15. Das

2.2

1. Ein	2. Eine	3. Ein	4. Ein	5. Eine
6. Ein	7. Ein	8. Ein	9. Ein	10. Ein
11. Ein	12. Ein	13. Ein	14. Ein	15. Ein

2.3

1. Der	2. ein	3. ein	4. Der	5. Der
6. Der	7. Der	8. ein	9. ein	10. ein
11. Der/ein	12. Der	13. Ein	14. Der	15. eine
16. die	17. Ein	18. Eine/eine	19. Der	20. Das

2.4

1. wir	2. er	3. es	4. ich	5. du
6. sie	7. Sie	8. es	9. Sie	10. er
11. ihr	12. Sie	13. sie	14. sie	15. wir
16. sie	17. es	18. Sie	19. wir	20. Sie
21. du	22. ihr	23. du	24. sie	25. er

2.5

English Pronoun	German Pronoun	German Verb Ending
I	ich	-e
you (singular, informal)	du	-st
he, masculine it	er	-t
she, feminine it	sie	-t
neuter it	es	-t
we	wir	-en
you (plural, informal)	ihr	-t
they	sie	-en
you (singular or plural, formal)	Sie	-en

2.6

1. ihr	2. du	3. Sie	4. Sie	5. wir
6. du	7. Es	8. Er	9. Sie	10. Ich

2.7

Heute gehen meine Familie und ich in den Zoo. **Wir** haben viel Spaß zusammen. Am Eingang treffen wir meine Freundin Anna. **Sie** kommt auch mit uns. Zuerst sehen wir die Elefanten. **Sie** sind riesig und beeindruckend. Danach gehen **wir** zu den Affen. Der kleine Affe ist besonders lustig. **Er** spielt mit einem Ball. Meine Schwester fragt: "Wo sind die Löwen?" Ich antworte: "**Sie** sind im nächsten Gehege." **Wir** sehen viele Tiere und haben eine tolle Zeit. Zum Mittag esse **ich** einen Hamburger mit Pommes und ein Eis zum Nachtisch. **Er** schmeckt besonders gut. Am Ende des Tages sagt mein Vater: "**Ich** bin müde."

2.8

*There is some flexibility with these sentences, as it depends on what kind of question you wanted to ask.
1. Wer hat den Kuchen gebacken? / Was hat Anna gebacken?
2. Was war sehr spannend?
3. Wer hat die Aufgabe erklärt? / Was hat der Lehrer erklärt?
4. Was liegt auf dem Tisch?
5. Wer hat das Bild gemalt? / Was hat der Künstler gemalt?
6. Was fährt um 10 Uhr ab?
7. Wer hat das Auto repariert? / Was hat dein Vater repariert?
8. Was ist sehr interessant?
9. Wer spielt im Park?
10. Wer bringt das Essen? / Was bringt der Kellner?

2.9

1. unsere Leiterin	2. die Meister	3. mein Freund
4. eine Überraschung	5. unsere Nachbarn	6. die Wissenschaftlerin
7. ein Geheimnis	8. meine Schüler	9. die Präsidentin
10. die Gäste		

3.1

1. den	2. den	3. die	4. den	5. den
6. die	7. den	8. das	9. die	10. den
11. den	12. die	13. das	14. den	15. die

3.2
1. Ich sehe diese Frau. / Diese Frau sieht mich.
2. Hören Sie die Kinder? / Hören die Kinder Sie?
3. Er liebt das Mädchen. / Das Mädchen liebt ihn.
4. Wir finden den Hund. / Der Hund findet uns.
5. Trefft ihr den Lehrer? / Trifft der Lehrer euch?

3.3

1. eine	2. ein	3. ein	4. einen	5. eine
6. einen	7. einen	8. eine	9. einen	10. ein

3.4

1. einen	2. eine	3. einen	4. einen	5. einen
6. ein	7. eine	8. ein	9. meine	10. einen
11. ein	12. unsere	13. ein	14. eine	15. einen

3.5

1. sie / Acc	2. es / Acc	3. sie / Acc	4. Er / Nom	5. es / Acc
6. Er / Nom	7. Es / Nom	8. ihn / Acc	9. es / Acc	10. ihn / Acc

3.6

Fred: Was machst **du** heute?

Alex: Ich besuche meine Tante.

Fred: Wann besuchst du **sie** ?

Alex: Ich werde **sie** um 3 besuchen.

Timo: Mein Bruder kann seinen Mantel nicht finden. Hast du **ihn**?

Martina: Nein, ist **er** nicht im Schrank?

Timo: Nein. Jetzt sucht **er** in seinem Zimmer. Sollen **wir** ihm dabei helfen?

Martina: Nein. **Ich** gehe ins Kino. **Ihr** könnt aber suchen.

Sabina: Ich liebe **dich**, Fred.

Alex: Du liebst **mich**? **Ich** heiße Alex. Liebst du Fred?

Sabina: Ich liebe **ihn** nicht. **Du** bist mein Freund.

Alex: **Wir** sind nicht mehr zusammen.

Ben: Was bekommst du zum Geburtstag?

Hannah: Ich bekomme Schuhe.

Ben: Welche Farbe sind **sie**?

Hannah: **Sie** sind rot. Sie sehen so aus. *Sie zeigt Ben ein Foto auf ihrem Handy.

Ben: Ich mag **sie**. Ich habe ein neues T-Shirt. Magst du **es**?

Hannah: Ja, **es** ist sehr cool.

Paul: Ich verstehe diese Aufgabe nicht.

Emma: Frag den Lehrer. Er kann dir bestimmt helfen.

Paul: Ich frage **ihn** nicht. **Er** ist gemein.

Jonas: Ich kann **euch** nicht sehen, Finn und Emilia.

Finn: **Wir** sind hier!

Jonas: Warum seid **ihr** hinter dem Fernseher?

Finn: Ehm…

3.7

1. Bekommst du ein Hemd (ein T-Shirt, eine Bluse) zum Geburtstag?
2. Brauchst du mich?
3. Ich mag sie (die Farbe).
4. Ich brauche dich.
5. Sie (die Bluse) ist sehr schön.

3.8

1. Wer	2. Wen	3. Was	4. Wen	5. Was
6. Wer	7. Wer	8. Was	9. Wen	10. Was

3.9

*There is some flexibility in these questions depending on how you interpret it and which questions you want to ask.

1. Was sind im Garten?
2. Wer kommt zur Part?
3. Wer hat den Kuchen gegessen? / Was hat er gegessen?
4. Wer spielt Klavier? / Was spielt sie?
5. Wer lobt den Schüler? / Wen lobt der Lehrer?
6. Wer besucht ihren Freund? / Wen besucht Maria?
7. Wer hat den Hund gestreichelt? / Was hat das Kind gestreichelt?
8. Was ist sehr bekannt?
9. Wer liebt ihre Kinder? / Wen lieben die Eltern?

3.10

1. e	2. e	3. es	4. e	5. en
6. en	7. en	8. en	9. en	10. en
11. es	12. es	13. es	14. e	15. e

3.11

1. until	2. through	3. along	4. for
5. against	6. without	7. around	8. contra

3.12

1. diese Straße entlang
2. ohne Dach
3. gegen den Lehrer (die Lehrerin)
4. gegen 10 Uhr
5. ums (um das) Feuer
6. wider meine Erfahrungen

7. durch die Wand
8. für unsere Mutter
9. Bis nächste Woche
10. um 7 Uhr
11. für 3 Stunden
12. durch den Park
13. ohne mich
14. durch den Wald
15. für deinen Freund (deine Freundin)

3.13

1. Robert Frost geht den Weg entlang.
2. Wir gehen ohne ihn ins Kino.
3. Wir werden gegen 5 Uhr am Morgen ankommen.
4. Der Vampir will für immer leben.
5. Ich schwimme durch den Fluss.
6. Wider die Verordnung haben wir eine Party.
7. Der Osterhase versteckt die Eier ums (um das) Haus.
8. Mein Bruder bekommt den Job durch deine Empfehlung.
9. Mein Schüler kommt ohne einen Bleistift in die (zur) Klasse.
10. Was hast du gegen Hunde?
11. Ich arbeite nicht bis nächsten Dienstag.
12. Stell deinen Regenschirm gegen die Wand.
13. Er reist oft ohne einen Reisepass.
14. Die Frau bindet eine Schleife um den Baum.
15. Ich spare Geld für ein Fahrrad.

4.1

*There is some flexibility with these sentences, as the word order and the subject could vary.

1. Ich verkaufe dieser Frau mein Boot.
2. Er liest dem Mädchen sein Buch vor.
3. Ich leihe der Schülerin meinen Stift.
4. Sie bringt dem Kind sein Spielzeug.
5. Holt der Arzt dem Patienten das Rezept?
6. Sie soll dem Jungen ihr Buch geben.
7. Er will seiner Frau die Blumen schenken.
8. Möchtest du dem Kind dein Spielzeug zeigen?
9. Wir geben dem Lehrer unsere Hausaufgaben ab.
10. Könnt ihr der Schülerin euren Stift leihen?
11. Ich möchte dem Freund mein Fahrrad verleihen.
12. Sie gibt dem Nachbar sein Werkzeug zurück.
13. Der Arzt muss der Patientin ihre Medikamente verschreiben.
14. Kleine Kinder sagen ihren Eltern nicht immer die Wahrheit.
15. Was schenkt ihr eurer Mutter zum Geburtstag?

4.2

1. Er schenkt seiner Frau ein Buch.
2. Sie gibt einem Kind ein Geschenk.
3. Ich soll/sollte meinem Schüler eine Antwort geben.
4. Er will seinem Freund einen Laptop leihen.
5. Ich bringe meinem Kollegen einen Kaffee.
6. Darf/Dürfen sie ihrer Lehrerin ein Bild zeigen?
7. Sie erzählt/erzählen einem Mann eine Geschichte.
8. Möchte/Möchten sie einem Jungen ein Spielzeug kaufen?
9. Er muss einem Mädchen ein Gedicht vorlesen.
10. Kann ich meinem Nachbarn ein Auto verleihen?
11. Sie verschreibt einem Arzt eine Medizin.
12. Ich schenke einem Kunden eine Tasse Kaffee.
13. Er schreibt seinem Schüler einen Aufsatz.
14. Möchte/Möchten sie ihrer Mutter einen Kuchen backen?
15. Er will seinem Kind ein Geschenk schenken.

4.3

1. Die Kinder Schicken ihnen Karten.
2. Herr Braun leiht ihm seinen Rasenmäher.
3. Der Verbrecher sagt ihr die Wahrheit nicht.
4. Der Bauer schenkt ihm einen neuen Sattel zum Geburtstag.
5. Herr Antrim bringt ihm Deutsch bei.

4.4

1. Schreib mir eine SMS!
2. Warum bringen Sie mir einen Kuchen? / Warum bringe ich Ihnen einen Kuchen?
3. Was kocht ihr mir zum Mittagessen? / Was koche ich euch zum Mittagessen?
4. Er schickt ihr ein Geschenk. / Sie schickt ihm ein Geschenk.
5. Er schreibt ihm einen Brief.

4.5

1. Sagen Sie ihm das nicht!
2. Sein Bruder schickt es mir.
3. Ich kann das dir nicht versprechen.
4. Wir zeigen sie unseren Eltern.
5. Mein Chef wird mir seinen Rasenmäher nicht leihen.
6. Das Mädchen schreibt ihm eine E-Mail.
7. Dieses Hotel bietet es uns an.
8. Ihr müsste es mir nicht heute geben.
9. Unser Großvater erzählt uns die besten Geschichten.
10. Wir müssen sie/es uns jede Woche kaufen.
11. Ihr Vater baut es ihr.
12. Er verkauft es ihnen.
13. Bring das mir! (It is also acceptable and probably more common to say "Bring mir das!")
14. Meine Mutter möchte uns Abendessen kochen.
15. Was gibst du deiner Schwester zum Geburtstag?

4.6

1. Sie zeigt sie den Touristen.
2. Er erklärt sie der Schülerin.
3. Wir schicken ihn ihnen.
4. Er bringt sie ihr.
5. Sie gibt ihm das Spielzeug.
6. Ich zeige ihn ihr.
7. Wir geben sie ihnen.
8. Er erzählt ihm die Geschichte.
9. Sie leiht ihm das Fahrrad.
10. Ich bringe ihn meiner Schwester.
11. Wir kaufen ihm das Buch.
12. Er schenkt ihn ihm.
13. Sie schreibt ihm die E-Mail.
14. Ich erzähle sie meinen Freunden.
15. Wir schicken sie dem Kollegen.

4.7

1. Wer gibt dem Schüler eine Note?
   Wem gibt der Lehrer eine Note?
   Was gibt der Lehrer dem Schüler?
2. Wer schenkt ihrem Freund ein Buch?
   Wem schenkt Anna ein Buch?
   Was schenkt Anna ihrem Freund?
3. Wer bringt dem Gast das Essen?
   Wem bringt der Kellner das Essen?
   Was bringt der Kellner dem Gast?
4. Wer erzählt uns eine Geschichte?
   Wem erzählt mein Vater eine Geschichte?
   Was erzählt meinem Vater uns?
5. Wer verschreibt dem Patienten ein Medikament?
   Wem verschreibt der Arzt ein Medikament?
   Was verschreibt der Arzt dem Patienten?

4.8

1. hilft	2. gefällt	3. steht
4. passt	5. glaubt	6. dankt

4.9

1. Der Lehrer / Die Lehrerin glaubt seinem/ihrem Schüler (seiner/ihrer Schülerin).
2. Diese Jeans passen dir/euch/Ihnen gut.
3. Die Schuhe passen dem Jungen gut.
4. Ich möchte meinen Eltern für ihre Hilfe danken.
5. Meinem Hund gefällt sein Hundefutter nicht.
6. Der Kassierer / Die Kassiererin hilft dem Kunden / der Kundin mit den Lebensmitteln.

4.10

1. Z	2. C	3. BB	4. N	5. W	6. U	7. FF
8. AA	9. GG	10. J	11. Y	12. B	13. D	14. F
15. Q	16. X	17. V	18. H	19. CC	20. DD	21. G
22. I	23. K	24. S	25. M	26. O	27. R	28. A
29. T	30. EE	31. P	32. E	33. HH	34. II	35. L

4.11

*There are several different ways you can translate the sentences in this exercise. These are some examples of how you could translate them.

1. Der Zeuge / Die Zeugin widerspricht dem / der Angeklagten.
2. Meine Firma steht ihren Mitarbeitern / ihrer Arbeitskraft bei.
3. Das Kind dankt seiner Mutter für das Eis.
4. Es fällt mir gerade ein, dass ich meine Schlüssel vergessen habe.
5. Die Farbe seines Autos gleicht der Farbe meines Teppichs. / Die Farbe von seinem Auto gleicht der Farbe von meinem Teppich.
6. Ihre Mutter antwortet ihr nie.
7. Diese Wurst mundet mir nicht.
8. Ich kann meinen eigenen Augen nicht trauen.
9. Der Vater des Jungen gratuliert ihm zu seiner Hochzeit.
10. Diese Bretzel/Brezel/Breze schmeckt dem Kunden.
11. Er ähnelt seinem Bruder.
12. Die Mutter hilft ihrem Sohn mit seiner Hausaufgabe / seinen Hausaufgaben.
13. Fred fehlt unserer Klasse heute. Fred fehlt uns heute.
14. Das Auto weicht dem LKW (Lastkraftwagen).
15. Der Bürgermeister dient seit 1998 unserer Gemeinschaft.

4.12

1. F	2. B	3. L	4. M	5. G
6. I	7. A	8. C	9. K	10. J
11. E	12. D	13. N	14. H	15. O

4.13

1. dem / wohl	2. dem / warm (heiß)	3. den / unbequem
4. der / unmöglich (schwierig)	5. dem / leicht (interessant)	

4.14

1. von	2. Nach/Seit	3. Nach / nach	4. Nach
5. bei	6. bie	7. außer	8. mit
9. nach	10. von	11. zu/mit	12. Seit/Nach
13. seit/nach	14. zu	15. bei	16. aus
17. mit / nach	18. Außer	19. von	20. Außer
21. mit	22. mit	23. aus	24. aus
25. von			

4.15

1. Wir fahren mit dem Auto nach Chicago.
2. Außer Englisch spreche ich auch Deutsch.
3. Meine Freundin begrüßt mich mit einem Kuss.
4. Er arbeitet seit 2018 bei dieser Bank.
5. Niemand außer mir will Eis.
6. Meine Familie fährt zur Bank.
7. Ich will zu Hause bleiben.
8. Meine Familie fährt nach London.
9. Der Arzt bekommt eine Glückwunschkarte von seinem Patienten.
10. Sie nervt mich seit ihrer Ankunft.
11. Das ist ein Foto von mir und Aschenputtel.
12. Sie wohnen seit drei Jahren zusammen.
13. Er steigt aus seinem Bett.
14. Ich will nach Hause (gehen).
15. Er steht bei der Tür.

4.16

1. zu meinem	2. nach	3. nach der
4. aus dem	5. mit einem	6. von meiner
7. bei unseren	8. aus dem / aus der	9. Bei dem
10. zu	11. außer seiner	12. außer
13. Von ihrem	14. Seit dem	15. mit einem

4.17

1. Die Kinder sind ganz nett außer diesem Jungen.
2. Fahr nach der Schule mit dem Fahrrad nach Hause!
3. Der Holzschnitzer schnitzt ein Pferd aus einem Baum.
4. Ich spiele gerne Fußball mit meinen Freunden am Wochenende.
5. Warum bringt Rotkäppchen Kuchen und Wein zu ihrer Oma.
6. Wann kommst du jeden Tag aus der Schule?
7. Die Frau isst zu Abend mit ihrem Freund im Restaurant.
8. Nach dem Spiel gehen wir ins Eiscafé.
9. Kauft eurer Mutter ein Geschenk zum Geburtstag!
10. Hörst du oft von deinen Eltern?
11. Sie können das Paket bei der Tür lassen.
12. Ich bin seit meiner Geburt glatzköpfig.
13. Übernachten Sie morgen bei einem Freund in der Stadt.
14. Bekommt er wirklich ein Autogramm von dem Autor?
15. Ihre Tante wohnt seit 3 Jahren in Berlin.

4.18

1. über	2. in	3. an/vor
4. zwischen	5. unter	6. hinter
7. neben/vor	8. auf	9. an

4.19

1. auf den Tisch
2. neben das Bett
3. unter einen Baum
4. an der Ecke
5. in der Küche
6. vor mir
7. hinter der Couch
8. über dem Spülbecken
9. zwischen meinen Zähnen

4.20

1. dem - This dude/guy parks the car next to the store.
2. den - The man sets the child on the chair.
3. dem - The car is in front of the house.
4. die - The runner runs between the competitors.
5. den - Her father puts the cup under the table.
6. die - The boy is driving into the city.
7. den Schülern - The woman is sitting in front of the students.
8. der - The boy drives around in the city.
9. einem / unserem - We have a safe behind a picture in our house.
10. dem - His mother is standing on the bed in order to clean the ceiling fan.
11. die - The girl is hanging the poster onto the wall.
12. die - My sister is leading the pony over the bridge.
13. das / den - Her (boy)friend lies down between the sofa and the armchair.
14. dem -The dog is lying under the kitchen table.
15. dem - The calendar is hanging on the refrigerator.

5.1

1. des Unfalls	2. Marthas
3. des Monats	4. des Historikers
5. einer Regierung	6. des Brotes
7. eines Klaviers	8. Deutschlands
9. des Schmutzes	10. der Hausaufgaben

5.2

*There are several ways you can combine the sentences in this exercise. Below are a few options that you could have written.

1. Der Polizist dieser Stadt wohnt in einer anderen Stadt.
2. Der Ofen meiner Oma ist kaputt.
3. Dieses Kapitel des Buches ist das letzte Kapitel.
4. Der Diamant des Ringes ist ausgefallen.
5. Die Mitglieder unserer Mannschaft spielen gegen eine andere Mannschaft.

5.3

*There are several different ways you can translate the sentences in this exercise. These are some examples of how you could translate them.

1. Ich mag das Design des Gebäudes.
2. Wir diskutieren die Zukunft unseres Unternehmens.
3. Die Geschichte der Stadt fasziniert mich.
4. Die Farbe der Blumen ist schön.
5. Sie haben die Lösung des Problems gefunden.
6. Der Einband des Buches ist defekt.
7. Wir feiern den Erfolg unserer Mannschaft (unseres Teams).
8. Er bewundert die Werke des Künstlers (der Künstlerin).
9. Die Ergebnisse des Tests waren überraschend.
10. Er erklärt die Wichtigkeit des Ereignisses.
11. Wir haben die Aussicht vom Gipfel des Hügels.
12. Sie haben die Ursache des Unfalls untersucht.
13. Der Lehrer korrigiert die Fehler der Studenten (Schüler).
14. Die Familie feiert den Geburtstag ihrer Großmutter (Oma).
15. Sie beschreibt die Funktionen der Software.

5.4

1. Wer	2. Wessen	3. Wessen	4. Wessen	5. wem
6. wen	7. Wen	8. Wem	9. Wessen	10. Wer
11. wen	12. wem	13. wen	14. Wem	15. Wer
16. Wem	17. Wer	18. Wem	19. wen	20. Wer
21. wem	22. Wen	23. Wer	24. Wen	25. wen
26. wen	27. Wessen	28. Wen/Wer	29. Wem	30. wem

5.5

1. Eines Tages	2. Eines Abends	3. Einer Woche
4. Eines Jahres	5. Eines Sommers	

5.6

1. der Gefahr bewusst	2. großer Leistungen fähig
3. seines Erfolgs gewiss	4. unserer Entscheidung sicher
5. der Routine überdrüssig	6. des Verbrechens verdächtig
7. der Ehre würdig	8. der Hilfe bedürftig
9. des Fehlers schuldig	10. des Ergebnisses gewiss

5.7

1. J	2. H	3. I	4. M	5. P	6. N	7. G	8. K
9. D	10. B	11. A	12. L	13. E	14. O	15. C	16. F

5.8

Luke: **Während** des Schultages hatte ich Langeweile. Ich habe einen Clown **jenseits** der Prüfung gezeichnet. Der Lehrer wollte mit mir **bezüglich** meiner Kunst sprechen. **Innerhalb** einer Stunde stand ich vor dem Schulleiter und meinen Eltern. Sie haben gesagt, ich habe Hausarrest **wegen** dieses Bildes. Vielleicht sollte ich einen Hund **anstatt** eines Clowns zeichnen. Dann wäre es bestimmt ok.

Fred: Ich verstehe das ganze nicht. Ich hätte gedacht, es gäbe mehr Verständnis **seitens** deiner Eltern. Sie sind doch Künstler.

Luke: Ja, aber der Clown heißt Herr Krüger, genau wie mein Lehrer. Das war das Problem **laut** meines Vaters.

5.9

1. bezüglich meiner Noten	2. seitens meiner Frau
3. Laut der Gerüchte	4. Jenseits des Regenbogens
5. Kraft seines Einflusses	6. oberhalb der Stadt
7. aufgrund seiner Schulden	8. anlässlich seines Meilensteins
9. trotz ihrer Verletzung	10. innerhalb eines Gebäudes
11. außerhalb des Hauses	12. Wegen des Lichts
13. während des Jahres	14. Diesseits des Zimmers
15. anstatt einer Maske	

6.1

1. meinen Neffen	2. seines Nachbarn	3. den Nachbarn
4. des Deutschen	5. den Löwen	6. des Helden
7. Der Name	8. Der Russe	9. des Herrn
10. Der Elefant	11. des Bauern	12. Der Idiot
13. des Architekten	14. des Deutschen	15. Der Bär

6.2

1. Die	2. das	3. Die	4. der	5. das
6. Den	7. den	8. die	9. die	10. Das

6.3

*There are several different ways that these sentences could be written while answering the questions properly and grammatically correctly. These are just recommendations.

1. Der Lehrer besitzt eine beeindruckende Sammlung an alten Büchern. Der Lehrer unterrichtet uns Deutsch.
2. Der Hund hat viel Energie. Mein Nachbar hält den Hund im Garten.
3. Die Schauspielerin hat eine inspirierende Geschichte. Die Schauspielerin hat den Oscar gewonnen. Sie hat die Geschichte in ihrer Dankesrede erzählt.
4. Der Bäcker hat eine unglaublich leckere Zimtschnecke. Der Bäcker backt jeden Morgen frische Brötchen. Ich kauf die Zimtschnecke jedes Mal.

6.4

1. die	2. deren	3. der	4. die	5. dessen
6. die	7. das	8. den	9. deren	10. der
11. dem	12. das	13. dessen	14. deren	15. die
16. die	17. den	18. dessen	19. die	20. die

6.5

*There are several different ways that these sentences could be written while answering the questions properly and grammatically correctly. These are just recommendations.

1. Der Mann, der gestern im Park spazieren ging, hat einen Hund, der immer an seiner Seite bleibt.
2. Das Kind, das immer lacht, hat Freunde, die das Kind nie im Stich lassen.
3. Der Baum, der vor meinem Fenster steht, hat viele schöne Blätter, die im Herbst goldgelb werden.
4. Die Stadt, in der ich aufgewachsen bin, hat Straßen, die ich gut kenne.

6.6

*There are several different ways that these sentences could be written while answering the questions properly and grammatically correctly. These are just recommendations.

1. Der Mann, dessen Namen ich vergessen habe, hat mir geholfen, als ich meinen Schlüssel verloren habe.
2. Das Haus, in dem ich aufgewachsen habe, bedeutet mir sehr viel.
3. Die Frau hatte ein interessantes Buch, das mich inspiriert hat, dabei.
4. Der Junge, der sehr talentiert war, hat im Park Basketball gespielt.
5. Der Arzt parkett das Auto, das mich an meine Jugend erinnert hat, auf der Straße.
6. Der Park, in dem ich immer spazieren gehe, hat einen See.
7. Die Katze, die auf dem Sofa schläft, ist sehr süß.
8. Der Film, den wir heute Abend im Kino sehen, handelt von einer Reise durch das Weltall.
9. Das Restaurant, in dem wir gestern Abend gegessen haben, hat köstliches Essen und freundliche Bedienung.
10. Der Lehrer, bei dem ich Deutsch lerne, trägt jeden Tag eine Fliege.

6.7

*There are several different ways that these sentences could be written while answering the questions properly and grammatically correctly. These are just recommendations.

1. Das Buch, das ich noch nicht gelesen habe, liegt auf meinem Nachtisch, auf dem meine Lieblingslampe steht.
2. Die Musik, die beruhigend ist, läuft im Radio, dessen Lautstärke ich mit meinem Handy kontrollieren kann.
3. Ich habe den Computer, dessen Prozessor sehr schnell ist, gestern gekauft.
4. Die Stadt, die ich besuchen möchte, liegt in der Mitte des Landes, in dem ich wohne.
5. Der Hund, den ich im Tierheim gesehen habe, hat blaue Augen, in denen man sich verlieren könnte.

6.8

1. M	2. R	3. E	4. A	5. P
6. Q	7. F	8. B	9. C	10. D
11. T	12. O	13. H	14. S	15. G
16. I	17. J	18. K	19. L	20. N

6.9

1. mich	2. sich	3. sich	4. sich	5. uns
6. dich	7. sich	8. uns	9. mir	10. uns
11. sich	12. sich	13. dich	14. sich	15. sich
16. sich	17. mich	18. sich	19. euch	20. uns

6.10

*This section allows for a lot of flexibility with regards to which parts you put together. The answer key below represents some of the possible combinations.

1. Ich konzentriere mich auf die Arbeit jeden Tag.
2. Das Mädchen gewöhnt sich an die Hitze in ein paar Wochen.
3. Sie erkundigen sich nach den Preisen für Hotelzimmer im Büro.
4. Duscht ihr euch jeden Abend im Bad?
5. Beeilst du dich jeden Morgen in die Schule?
6. Mein Vater rasiert sich das Gesicht nicht mehr.
7. Der Professor kann sich sein Haus nicht mehr leisten.
8. Die Braut kauft sich etwas neues zur Hochzeit.

6.11

1. mich / gefühlt	2. bürste / mir	3. sich / anziehen
4. sich / waschen	5. Legen / sich / hin	6. mich / gewundert
7. sich / ausgezogen	8. dich / aufgeregt	9. mich / entschuldigen
10. hört / sich / an		

6.12

1. duschen / sich	2. sich / waschen	3. erkältest / dich
4. rasiert / sich	5. freut / sich / auf	6. zieht / sich / an
7. putzen / uns	8. trockne / mich / ab	9. entscheidet / euch
10. dich / verspäten / dich / beeilen	11. mich / entschuldigen	12. sich / leisten
13. interessiere mich	14. Erinnerst / dich	

6.13

1. dich	2. mich	3. sich	4. sich	5. euch
6. mich	7. euch	8. uns	9. dich	10. sich
11. uns	12. dich	13. sich	14. euch	15. mich

6.14

1. fühle / mich	2. beeilst / dich	3. Entspannt / euch
4. bedankt / sich (bedanken / sich)	5. beeilt / sich	6. Treffen / uns
7. entscheidet / sich (entscheiden / sich)	8. wasch / mich	9. interessiert / sich (interessieren / sich)
10. beschwerst / dich	11. zieht / sich / um	12. erholen / uns
13. wunderst / dich	14. setze / mich	15. bereitet / euch / vor

6.15

1. Du putzt dir die Zähne.
2. Sie zieht sich an.
3. Er rasiert sich.
4. Ihr amüsiert euch.
5. Sie entspannt sich im Garten.
6. Ich kämme mir die Haare.
7. Ich trockne mich ab.
8. Er zieht sich an.
9. Ihr wascht euch die Hände.
10. Wir treffen uns im Café.
11. Ich wasche mich.
12. Sie streiten sich.
13. Wir bereiten uns auf unsere Reise vor.
14. Sie ziehen sich an.
15. Wir putzen uns die Zähne.

6.16

1. Mein Hund gewöhnt sich an sein neues Hundefutter.
2. Das habe ich mir seit Wochen gefragt.
3. Mein Vater überlegt sich, ob er ein neues Auto kaufen sollte.
4. Der Trainer regt sich über das Spiel auf.
5. Das Kind brach die Stange. / Das Kind hat die Stange gebrochen.
6. Mein Bruder ärgert mich.
7. Die Schauspieler schminken sich vor der Vorstellung (Show).
8. Die Kinder putzen sich die Zähne, bevor sie ins Bett gehen.
9. Ein blauer Vogel badet sich im Vogelbad.
10. Der Schwimmer rasiert sich die Beine und Arme vor dem Rennen.
11. Wie oft siehst du dir YouTube Videos an? / Wie oft schaust du YouTube Videos?
12. Zieh dir die Schuhe an! / Zieht euch die Schuhe an! / Ziehen Sie sich die Schuhe an!
13. Zieh dir deinen Mantel an, sonst erkältest du dich.
14. Ich dusche mich jeden Morgen.
15. Die Familie zieht nach Texas um.

6.17

	Masculine	Feminine	Neuter	Plural
Nominative	der **-e**	die **-e**	das **-e**	die **-en**
Accusative	den **-en**	die **-e**	das **-e**	die **-en**
Dative	dem **-en**	der **-en**	dem **-en**	den **-en**
Genitive	des **-en**	der **-en**	des **-en**	der **-en**

6.18

1. des zweiten	2. die blauen	3. die neue
4. das beste	5. den alten	6. Die lustige
7. den bunten	8. der ganzen	9. Die abenteuerlustige
10. den besten	11. Das begabte	12. dem schwarzen
13. des charmanten	14. den nächsten	15. Der gut angezogene

6.19

1. Die guten	2. Die junge	3. der dummen
4. welcher großen	5. der netten	6. jedem kleinen
7. jeden deutschen	8. diese deutschen	9. dem netten
10. die schmutzige	11. diese teure	12. den alten
13. dem schlechten	14. dieses schlechten	15. der schlechten
16. des schlechten / der schlechten Fotos	17. Welches rote	18. des schönen
19. den netten	20. der neue	

6.20

	Masculine	Feminine	Neuter	Plural
Nominative	ein **-er**	eine **-e**	ein **-es**	(k)eine **-en**
Accusative	einen **-en**	eine **-e**	ein **-es**	(k)eine **-en**
Dative	einem **-en**	einer **-en**	einem **-en**	(k)einen **-en**
Genitive	eines **-en**	einer **-en**	eines **-en**	(k)einer **-en**

6.21

1. einX begossener	2. seinen kostenlosen	3. meiner deutschen
4. seinem nächsten	5. seinen anderen	6. eines ermordeten
7. seinX drittes	8. keine sportliche	9. seinX mächtiges
10. einX leises	11. Eine mitfühlende	12. ihre neue
13. seine leckeren	14. seines roten	15. eine riesengroße

6.22

1. eines billigen / einen teuren	2. einem langweiligen	3. ihrer neuen
4. einer bösen	5. seiner neuen	6. meiner alten
7. EinX kleiner	8. seinen coolen	9. keinen grausamen
10. deinem abergläubischen / einX tolles	11. keine interessanten	12. ihres großen
13. meine braune	14. Meine schmutzige / einer kleinen	15. Meine große
16. Meine dummen	17. SeinX verdrecktes	18. einX deutsches
19. eine gefährliche	20. unserer netten	

6.23

	Masculine	Feminine	Neuter	Plural
Nominative	-er	-e	-es	-e
Accusative	-en	-e	-es	-e
Dative	-em	-er	-em	-en
Genitive	-en	-er	-en	-er

6.24

1. Persönliche	2. grünem	3. teuren
4. Gemeine	5. kalter	6. großen
7. süße	8. Guter	9. gemolkener
10. kaltes	11. Deutsches	12. Großer
13. nachweisbarer	14. heißen	15. unbiegsamem

6.25

1. Der erfolgreichste / jedem neuen	2. Der große / dem kleinen / den süßen
3. Das junge / der hässlichen / das dringend gebrauchte	4. Die neue / tolle
5. Die schöne / dem jungen Kellner / die gute / des alten	6. Blonde / meinX älterer
7. Braune	8. Braune
9. tolle	10. Dumme
11. EinX guter / guten / frischem / schmackhafter	12. EinX tiefer / gutem
13. Frische / sauere	14. Meine zwei älteren / kleine
15. Seine braunen / einer schmutzigen	16. Tiefe

6.26

1. intelligentesten	2. hässlichsten	3. unbeholfeneren
4. kräftigsten	5. ahnungsloseres	6. langsamsten
7. glücklichsten	8. vertrauenswürdigsten	9. organisiertesten
10. frechsten	11. berühmtere	12. niedlichsten
13. bescheidenere	14. bravsten	15. kreativeren
16. größte		

6.27

Es war ein**X** sonnig**er** Tag im Herbst, als d**ie** neugierig**e** Anna und ihr**X** abenteuerlustig**er** Freund Lukas beschlossen, d**as** weltberühmt**e** Oktoberfest in München zu besuchen. Sie hatten schon viel von dies**em** farbenfroh**en** und lebhaft**en** Volksfest gehört und waren gespannt, all d**ie** traditionell**en** Attraktionen, d**ie** köstlich**en** Speisen selbst zu erleben.

Sie reisten mit d**em** schnell**en** Zug und erreichten d**en** belebt**en** Münchner Hauptbahnhof. Die Stadt war bereits voller Menschen. Frauen trugen elegant**e**, bunt**e** Dirndl. D**ie** hübsch**en** Männer trugen fein bestickt**e** Lederhosen und kariert**e** Hemden.

Als sie das Festgelände betraten, wurden sie von ein**er** riesig**en**, festlich dekoriert**en** Eingangstür begrüßt. Überall roch es nach gebrannt**en** Mandeln, frisch gebacken**en** Brezeln und herzhaft**em** Brathendl. D**ie** lebendig**e** Musik traditionell**er** Blaskapellen erfüllte die Luft, während rhythmisch**e**, fröhlich**e** Melodien aus den Festzelten kommt.

Anna und Lukas entschieden sich, zuerst eine d**er** groß**en**, prachtvoll geschmückt**en** Achterbahnen zu erkunden. Die Wagen waren blitzend sauber und mit bunt**en** Lichtern geschmückt, die in der Herbstsonne funkelten. Mit klopfend**en** Herzen stiegen sie ein, gespannt auf die rasant**en** Abfahrten und atemberaubend**en** Höhen.

Nach d**em** aufregend**en** Ritt stärkten sie sich mit ein**er** köstlich**en** Mahlzeit. Sie wählten ein**e** traditionell**e** bayrisch**e** Mahlzeit – eine Auswahl an würzig**en** Wurstsorten, kräftig**em** Käse und frisch gebacken**em** Laibbrot. Dazu tranken sie ein**X** kühl**es** Bier, das perfekt zum herzhaft**en** Essen passte.

6.28

1. a) auf	2. a) nach	3. b) über	4. a) um	5. b) unter
6. a) an	7. b) über	8. a) von	9. b) an	10. c) an

6.29

1. denkt	2. kümmert	3. erinnert	4. warten
5. freut	6. glaubt	7. beschweren	8. teilnehmen
9. arbeitet	10. spricht	11. suchen	12. kämpft
13. danken	14. ärgert	15. fragen	16. interessiert
17. träumt	18. verabschiedet	19. entscheiden	20. leidet

6.30

1. Sie besteht auf ihrer Meinung.
2. Die Geschichte basiert auf wahren Ereignissen.
3. Sie haben nach dem Weg gefragt.
4. Er hat ihnen für das Geschenk gefragt.
5. Kannst du mir mehr über deine Reise erzählen?
6. Diese Straße führt zum Stadtzentrum.
7. Er hilft ihr bei den Hausaufgaben.
8. Wir hoffen auf gutes Wetter.
9. Sie sprechen über den neuen Film.
10. Die Blumen riechen nach Rosen.
11. Sie ärgert sich über kleine Sachen.
12. Nach der Prüfung hat sie sich vom Stress erholt.
13. Sie haben nach dem nächsten Zug gefragt.
14. Das Buch handelt von einem mysteriösen Abenteuer.
15. Er irrt sich in der Antwort.

6.31

1. a) über	2. a) von	3. b) auf	4. a) auf	5. b) von
6. a) über	7. a) in	8. a) auf	9. b) in	10. b) für

6.32

1. stolz	2. neugierig	3. verliebt	4. bekannt
5. fertig	6. müde	7. traurig	8. interessiert
9. wütend	10. verantwortlich		

6.33

1. Sie ist böse/sauer/wütend auf ihren Bruder.
2. Sie sind stolz auf ihre Erfolge.
3. Er ist neugierig auf das neue Buch.
4. Sie ist angewiesen auf ihre Eltern.
5. Der Manager ist verantwortlich für das Projekt.

7.1

1. Der	2. den	3. den/die	4. der	5. Die
6. das	7. dem	8. des	9. das	10. dem
11. des	12. Der	13. den	14. den	15. des

7.2

1. ein	2. eine	3. einen	4. einem	5. eines
6. ein	7. Ein	8. einen	9. einer	10. eines
11. einer	12. einen	13. einem	14. einer	15. einen

7.3

1. Am Morgen / Morgens	2. durch die Stadt
3. von einem Geheimnis	4. in der Bibliothek/Bücherei
5. auf der Fensterbank	6. Ohne einen Mantel
7. mit dem Hut	8. Während der Nacht / In der Nacht
9. neben dem Zaun	10. für seine Frau
11. Wegen des Regens	12. auf den Tisch
13. unter der Fußmatte	14. Mit einem Lächeln
15. vom (von dem) Konzert	16. um das Haus
17. über den Zaun	18. ins (in das) Fitnessstudio
19. vor der Garage	20. am (an dem) Kamin

7.4

1. Ich will heute ein Buch im Park lesen.
2. Sie will morgen Kleidung in der Stadt kaufen.
3. Wir fahren im Sommer mit dem Auto nach Italien.
4. Er will am Abend schnell nach Hause (gehen).
5. Sie sehen am Wochenende einen Film im Kino.
6. Spielen die Kinder nach der Schule Fußball im Garten?
7. Sollen/Sollten wir das Haus mit einer neuen Farbe streichen?
8. Will sie am Abend Pizza im Restaurant essen?
9. Kauf meiner Mutter am Freitag ein Geschenk!
10. Sie fliegt nächsten Monat mit ihrer Familie nach Amerika.
11. Er repariert am Samstag sein Auto in der Garage.
12. Ich laufe am Morgen mit meinem Hund im Park.
13. Besuchen wir im Sommer unsere Großeltern auf dem Land!
14. Lernen Sie Deutsch mit einem Tutor im Internet!
15. Ich schreibe einen Brief für meinen Freund in der Schweiz.

7.5

1. Der schöne Garten gehört (zu) dem freundlichen Nachbarn.
2. Sie hat den Kindern bunte Ballons für die Party gegeben.
3. Der Preis des neuen Autos ist überraschenderweise hoch.
4. Ich helfe meinem Bruder mit/bei seinen Hausaufgaben.
5. Die Kinder spielen im Park neben der alten Kirche.
6. Er ist stolz auf seine ausgezeichneten Noten in der Schule.
7. Wir haben frisches Brot von der Bäckerei an der Ecke gekauft.
8. Die Frau, die nebenan wohnt, liebt ihre schwarze Katze.
9. Er hat gestern seine Schlüssel im Büro vergessen.
10. Die Aussicht vom Berggipfel ist atemraubend.
11. Sie hat einen Brief an ihre Freundin in Österreich geschickt.
12. Sie diskutieren das aktuellste Buch von diesem berühmten Autor.
13. Der Lehrer erklärt den Schülern das schwierige Konzept.
14. Das Auto meines Onkels ist vor unserem Haus geparkt.
15. Sie hat über ihre spannende Reise nach Japan gesprochen.